アスリートでたどる
ジャパン
JAPAN SPORTS
スポーツ

バレーボール・
バスケットボール

監修・佐野慎輔

アスリートでたどる
ジャパンスポーツ
バレーボール・バスケットボール
もくじ

バレーボール日本、栄光の軌跡……4

1964年東京オリンピック
東洋の魔女……6
1972年ミュンヘンオリンピック
日本男子チーム……8
1976年モントリオールオリンピック
日本女子チーム……10
中田久美……12
加藤陽一……14
竹下佳江……16
荒木絵里香……18

木村沙織……20
石川祐希……22
古賀紗理那……24

まだまだいる！ 歴史をつくった選手たち
南 将之　中村祐造　川合俊一　大林素子……26
中垣内祐一　吉原知子　大山加奈　栗原 恵……27
清水邦広　西田有志　石川真佑　髙橋 藍……28

歴史をいろどる日本の名監督
大松博文　松平康隆　山田重雄　眞鍋政義……29

―― 用語解説 ――

バレーボール

SVリーグ
バレーボールの国内トップリーグ。2024年にスタートし、2027年までに完全なプロリーグ化をめざす。

Vリーグ
1994年にスタートしたバレーボールの国内リーグ。2024年からはSVリーグの下部リーグをさす。

バレーボール（ポジション）

アウトサイドヒッター（OH）
サイドから攻撃するポジション。ウイングスパイカーともいう。以前はレフトとよんだ。

オポジット（OP）
セッターの反対側（対角）でスパイク攻撃するポジション。

セッター（S）
アタッカーが攻撃するためのトスを上げるポジション。司令塔といわれることもある。

ミドルブロッカー（MB）
長身が多く、中央でブロックやクイック攻撃に参加するポジション。以前はセンターとよんだ。

リベロ（L）
攻撃やブロック、サーブに参加せず、守備を専門におこなうポジション。ほかの選手とユニフォームの色がちがう。

バレーボール（プレー）

回転レシーブ
体からはなれたボールを受け、直後に床で体を回転させて、すぐに立ちあがるレシーブ。

クイック
低いトスをスパイカーがすばやく打つプレー。

クロススパイク
相手コートの対角線上に打つスパイク。まっすぐ

に打つのはストレート。

コンビネーション攻撃
複数の選手がばらばらに跳ぶなど、相手のブロッカーをまどわせるための攻撃。

ドライブサーブ
いきおいよく前回転をかけるサーブ。スピードがあり、ネットをこえたあたりから落ちる。

一人時間差攻撃
相手のブロックのタイミングをはずすための動きを1人でおこなってスパイクを打つこと。

ブロック
相手がアタックしたボールに対して手をあげてジャンプし、止めるプレー。ブロックする選手をブロッカーという。

ブロックアウト
ブロッカーに当たったボールがアウトになること。スパイクを打ったチームの得点となる。

急成長する日本のバスケットボール……30

- 谷口正朋……………………32
- 生井けい子…………………34
- 萩原美樹子…………………36
- 田臥勇太……………………38
- 大神雄子……………………40
- 髙田真希……………………42
- 渡嘉敷来夢…………………44
- 富樫勇樹……………………46
- 渡邊雄太……………………48
- 八村塁………………………50
- ジョシュ・ホーキンソン…52
- 河村勇輝……………………54

まだまだいる！ 歴史をつくった選手たち
折茂武彦　比江島慎　町田瑠唯　林咲希……56
馬瓜エブリン　馬場雄大　赤穂ひまわり　富永啓生……57

コラム　NBAと日本人選手……58

バスケの歴史をつくった海外の選手たち
ビル・ラッセル　ウィルト・チェンバレン
カリーム・アブドゥル＝ジャバー……………59
ラリー・バード　マジック・ジョンソン
デニス・ロッドマン　マイケル・ジョーダン……60
シャキール・オニール　ティム・ダンカン
コービー・ブライアント　レブロン・ジェームズ……61

コラム　1992年のドリームチーム……62

さくいん……63

バスケットボール

ウインターカップ
全国高等学校バスケットボール選手権大会のこと。高校バスケットボール最高峰の大会。

Gリーグ（Dリーグ）
NBAゲータレード・リーグの通称。将来のNBA選手を育成するためのリーグ。かつてはDリーグ（デベロップメント・リーグ）という名称だった。

Wリーグ
バスケットボール女子日本トップリーグ。

バスケットボール（ポジション）

シューティングガード（SG）
おもに3Pシュートやドライブからのシュートを打つが、ゴール近くでのプレーもおこなうポジション。

スモールフォワード（SF）
3Pラインの外側からのプレーを多くおこなうが、外も内もこなす万能性が求められるポジション。

センター（C）
ゴール近くで攻撃と守備をおこなうポジション。背の高い選手（ビッグマン）が多い。

パワーフォワード（PF）
おもにゴール近くでプレーするポジション。相手との体の接触が多い。

ポイントガード（PG）
攻撃の指示を出す、チームの司令塔。つねに味方選手の位置や動きを把握し、的確なパスを出す。

バスケットボール（プレー）

アシスト
味方の選手にパスを出して、その選手が打ったシュートが得点につながったときに記録される。

キックアウト
ゴール付近のインサイドで相手ディフェンスを引きつけ、ゴールからはなれたアウトサイドの選手にパスを出すプレー。

3P（ポイント）シュート
コート上の3Pラインの外側から放つシュート。きまると3点が入る。

ダブルクラッチ
ディフェンスをかわすために、空中で一度もちあげたボールを下げてからシュートを打つこと。

ドライブ
ドリブルですばやくゴールへと切りこんでいくプレー。

ノールックパス
パスをする相手を見ずに、ボールをわたすパスのこと。

ブザービーター
終了のブザーが鳴る直前に放たれたシュート。鳴ったあとでボールが入っても得点になる。

リバウンド
はずれたシュートのボールがバックボードやリングにあたって落ちてくるのをキャッチすること。

バレーボール日本、栄光の軌跡

アメリカ生まれのバレーボールが日本へやってきた

バレーボールは19世紀の終わりごろ、アメリカ・マサチューセッツ州のYMCA（キリスト教青年会）で体育の指導者だったウィリアム・G・モーガンが考案した。アメリカ各地にあるYMCAを通じてバレーボールはひろまっていく。アジアへ伝わったのは1910年代。国際バレーボール連盟（FIVB）が設立されたのは、第二次世界大戦後の1947年。そこから国際ルールがつくられていった。

世界選手権男子の第1回大会がおこなわれたのは1949年で、女子は1952年。日本が世界選手権にデビューしたのは男女とも1960年。日本女子チームはいきなり2位におどりでる。翌1961年にヨーロッパ遠征をおこなった日本女子チームは、ソ連（現在のロシア）や東ドイツ（現在のドイツ）を圧倒した。そのあまりの強さに、「東洋の魔女」とよばれ、おそれられるようになる。そして1964年東京大会からバレーボールがオリンピックの正式競技になった。

バレーボールを考案したウィリアム・G・モーガン。

日本中がテレビにかじりついた1964年東京オリンピック

1964年東京オリンピックで、日本はいくつもの金メダルを獲得したが、なかでも人びとがもっとも興奮して観戦したのは、バレーボール女子決勝の試合だった。閉会式の前日の10月23日におこなわれた決勝は、強豪・ソ連との一騎打ち。2セットを順調に連取してむかえた第3セット（当時は1セット15点・3セット先取で勝利）、ソ連は必死に追いあげてくるが、つきはなしてみごと金メダルを獲得した。このときのテレビの平均視聴率は、スポーツ中継歴代最高の66.8％を記録した。まさに日本中がテレビにかじりついて、手に汗にぎりながら応援した結果の金メダルだった。

この金メダルは、本やテレビの世界にも大きな影響をあたえた。1968年1月から1970年12月まで「週刊マーガレット」（集英社）に連載されたのは、女子バレーボールをテーマにした『アタックNo.1』。1969年にはテレビアニメ化された。1968年に、やはり女子バレーボールをテーマにしたマンガ『サインはV！』（講談社）が刊行され、同じタイトルのテレビドラマもはじまった。

この1964年東京オリンピックのバレーボールでは、日本男子チームも銅メダルを獲得している。

1964年東京オリンピックのバレーボール女子決勝。

1968年以降もメダルラッシュ

　1968年メキシコシティー大会、女子は大きくメンバーを入れかえてのぞみ、銀メダルを獲得。男子も東京大会を上回る銀メダルを手にした。

　そして次の1972年ミュンヘン大会では、男子がついに世界の頂点に立つ。

　チームは東京大会にも出場した中村祐造が主将をつとめ、高い身長の選手をそろえたチームでのぞんだ。多彩な攻撃で予選リーグ5戦を1セットも落とさずに勝ちあがったのだ。最大の危機がおとずれたのは、準決勝のブルガリア戦だった。2セットを先取されたがそこから怒濤の攻めで3セットを連取し、3－2で逆転勝利。この試合は「ミュンヘンの奇跡」とよばれた。決勝では東ドイツを3－1で下して男子としてオリンピック初の金メダルに輝いた。

　このミュンヘン大会で日本女子チームは、2大会連続の銀メダルを獲得。そして4年後の1976年モントリオール大会で、金メダルを獲得する。子どものころに『アタックNo.1』などを読んだ年代の白井貴子、松田紀子、飯田高子たちが、距離の長いBクイックの「ひかり攻撃」で対戦相手をことごとく撃破。予選リーグから準決勝、決勝とすべての試合を1セットも落とさずに勝ちぬいて、金メダルを獲得した。

世界にチャレンジする日本人選手たち

　1984年ロサンゼルスオリンピックでは女子が銅メダルを獲得。その後は出場すらできない大会もあるなど、男女とも低迷期をむかえる。2012年ロンドン大会で女子がようやく28年ぶりに銅メダルを獲得したが、それ以降の大会ではふたたびメダルなしに終わっている。そのおもな原因は、もともと体格の差がある海外勢が日本が開発した技術を身につけたためとされる。

　いっぽうで2000年以降、日本選手の海外移籍が進んでいる。2002年の加藤陽一を皮切りに、2014年に石川祐希、2021年に髙橋藍が、世界最高峰のイタリアプロリーグ、セリエAへ移籍。2023年には石川祐希の妹の石川真佑もセリエA入りをはたしている。今後は世界できたえられた選手たちが、ふたたび日本にオリンピックのメダルをもたらしてくれるだろう。また、2024年に国内で発足した「SVリーグ」にも注目していきたい。

初めてのオリンピック。金メダルで日本中が歓喜のうずに

1964年東京オリンピック
東洋の魔女

日本で初めての開催となった1964年東京オリンピック。柔道、体操、レスリングと次つぎメダルを獲得する日本選手に、みんなが熱狂した。なかでも人気だったのが初めてオリンピック競技となったバレーボールだ。「東洋の魔女」とおそれられて強かった日本女子チームを、多くの国民がテレビで見守り、熱く応援した。決勝は3－0で宿敵ソ連に勝利し金メダルを獲得。日本中が歓喜のうずにつつまれた。

回転レシーブを猛練習。「打倒ソ連」をはたす

　日本女子チームは、いまのように各チームから選抜されたメンバーではなく、大日本紡績（現在のユニチカ）貝塚工場の企業チームがそのまま代表チームとなっていた。1960年、ブラジルで開催された第3回世界選手権に初参加し、2位の好成績をおさめた。そのとき優勝したのはソ連（現在のロシア）。3連覇を達成した。大松博文監督（→29ページ）は、そこから「打倒ソ連」を目標にして、"俺についてこい"と猛練習を選手に課した。身長、体格でおとる日本女子にはとくにレシーブ力の強化が必要だと考え、新技術の回転レシーブを考案。体得するまでスパルタ方式で練習させた。はげしいトレーニングによって技術と精神力をつちかった日本代表は、ヨーロッパで連勝をかさね、「東洋の魔女」とよばれるようになる。そして、2年後の第4回世界選手権では、みごとソ連に勝って優勝した。

日紡貝塚（1964年東京オリンピックの女子日本代表）

1956	全日本都市対抗 優勝（1959年まで4連覇）
1958	全日本総合女子選手権（6人制）優勝（1966年まで9連覇） 全日本実業団女子選手権 優勝
1960	世界選手権 2位
1961	ヨーロッパ遠征と三大陸選手権 22連勝 全日本都市対抗 優勝（1967年まで7連覇）
1962	世界選手権 優勝 NHK杯 優勝（1966年まで5連覇）
1963	ヨーロッパ遠征26連勝。三国親善1勝。 東京国際 4連勝
1964	ヨーロッパ遠征16連勝。東京オリンピック 金メダル

日本中がテレビにくぎづけに

　世界選手権の優勝を機に、選手たちと監督は引退を表明していた。しかし、2年後の東京オリンピックでバレーボールが正式競技に決定したため、監督のもとには「続けてほしい」と願う手紙が5000通も寄せられた。日本チームは東京オリンピックに目標を設定しなおし、よりハードなトレーニングに突入。1日10時間の練習は当たり前で、あまりのきびしさにマスコミは監督を"鬼の大松"とよんだ。

　そして東京オリンピックは圧倒的な強さで勝ちすすみ、ソ連との決勝戦をむかえた。2－0で日本リードの後の第3セット、14－13にせまられたが、最後は相手のオーバーネットで勝利が決定し、金メダルを獲得。日本中がテレビにくぎづけになり、スポーツに関心のなかった人びとも熱狂したのだった。

きびしいレシーブの練習。

テレビ視聴率、バレーボールブーム

　1964年東京オリンピック、女子バレーボール決勝のテレビ平均視聴率は66.8%。スポーツ中継史上最高を記録し、いまだにやぶられていない。小学校、中学校の体育の授業で習ったことのある主婦層にも人気がひろがり、余暇におこなう手軽なレジャー・スポーツとして、PTAや地域活動を通じて全国に普及。「ママさんバレー」とよばれるようになった。

優勝がきまり胴上げされる大松監督。

 「東洋の魔女」の由来：日本代表がヨーロッパで連勝をかさねたとき、地元のメディアは「東洋の台風」と表現した。しかし、世界選手権でも優勝すると「台風ならいつかおさまるが、彼女たちの快進撃はおさまらない。台風ではなく東洋の魔女だ」とソ連のメディアが書いたのが由来だ。

セットカウント０－２からの大逆転劇。「ミュンヘンの奇跡」

1972年ミュンヘンオリンピック
日本男子チーム

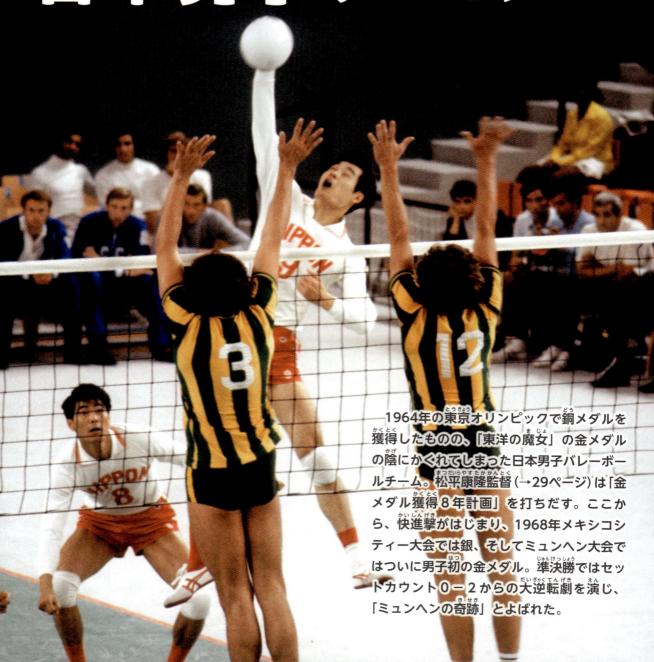

1964年の東京オリンピックで銅メダルを獲得したものの、「東洋の魔女」の金メダルの陰にかくれてしまった日本男子バレーボールチーム。松平康隆監督（→29ページ）は「金メダル獲得８年計画」を打ちだす。ここから、快進撃がはじまり、1968年メキシコシティー大会では銀、そしてミュンヘン大会ではついに男子初の金メダル。準決勝ではセットカウント０－２からの大逆転劇を演じ、「ミュンヘンの奇跡」とよばれた。

バレーボール

ブラジル戦で森田淳悟の強烈なスパイクがさく裂。

	男子バレーボール日本代表
1964	東京オリンピック 銅メダル
1968	メキシコシティーオリンピック 銀メダル
1972	ミュンヘンオリンピック 金メダル
1976	モントリオールオリンピック 4位
1984	ロサンゼルスオリンピック 7位
1988	ソウルオリンピック 10位
1992	バルセロナオリンピック 6位
2008	北京オリンピック 11位
2021	東京オリンピック 7位
2024	パリオリンピック 7位

背の高い選手を集め、コンビネーション攻撃で強化

東京オリンピック後、男子日本代表の監督に、松平康隆が就任した。松平は、8年後のミュンヘンオリンピックでの優勝を目標にプランを立てた。その1つは、背の高い選手を選ぶこと。高身長の選手は、スパイクの打点が高く、ブロックされにくい。守備の場合には、相手のスパイクをブロックしやすい。194cmの大古誠司と森田淳悟、193cmの横田忠義は「ビッグ3」とよばれ人気をはくした。東京オリンピックのチームの平均身長は183.6cmだったが、ミュンヘン大会では190.1cmまで高くなった。また、セッター猫田勝敏の絶妙なトスからのコンビネーション攻撃など新戦術の開発もおこない、1年のうち9か月を代表合宿についやすなど練習量もふやした。強化は順調に進み、1968年メキシコシティー大会では銀メダルを獲得した。

しぶとくねばって世紀の逆転劇

いよいよミュンヘン大会がスタート。1次リーグ5試合をストレート勝ちした日本チームは、準決勝でブルガリアと対戦。2セットを先取されて、絶体絶命の大ピンチにおちいった。浮足立つチームに松平は「お前たち、あと2時間このコートに立っていれば、必ず勝てるんだよ」と声をかけた。この一言が、チーム全体に自信をよびもどし、気持ちを冷静にさせた。そして、再三リードされながらもしぶとくねばって世紀の大逆転劇を演じたのだ。

翌日の決勝戦は東ドイツと戦い、第1セットを奪われたものの、続く3セットを連取して8年計画の金メダルを獲得した。

優勝をきめた直後の日本代表チーム。

フライングレシーブ、一人時間差攻撃

相手のスパイクに対し、跳びついてボールをひろうフライングレシーブを日本は考案し、守備力を強化。そして、セッターとアタッカーのコンビネーションでおこなうAクイック、Bクイック、Cクイックを開発し、攻撃に革命をおこした。また、アタッカーの森田淳悟はスパイクのタイミングをずらして敵のブロックをかわす「一人時間差攻撃」をあみだした。

当時は画期的だったフライングレシーブの練習。

「ミュンヘンへの道」：ミュンヘン大会の年に、実写とアニメを組みあわせたテレビ番組「ミュンヘンへの道」が放映されたが、これはチームを率いた松平監督のしかけだった。監督は、男子バレーの人気を高めるために、テレビなどメディアに出ることを重視したのだ。

メキシコシティー大会、ミュンヘン大会のリベンジをはたし、金メダル！

1976年モントリオールオリンピック
日本女子チーム

バレーボールがオリンピックに初登場した1964年以降の3大会とも、日本女子チームが決勝で対戦した相手はソ連（現在のロシア）だった。東京大会では勝利して金メダルを手にしたが、メキシコシティー大会、ミュンヘン大会では決勝でソ連にやぶれた。12年ぶりの悲願となっていたモントリオール大会での金メダル獲得。決勝はやはりソ連と対戦し、3－0で圧勝。リベンジをはたした。

バレーボール

決勝のソ連戦でスパイクを打つ前田悦智子（3番）。

女子バレーボール日本代表

1964	東京オリンピック 金メダル
1968	メキシコシティーオリンピック 銀メダル
1972	ミュンヘンオリンピック 銀メダル
1976	モントリオールオリンピック 金メダル
1984	ロサンゼルスオリンピック 銅メダル
1988	ソウルオリンピック 4位
1992	バルセロナオリンピック 5位
1996	アトランタオリンピック 9位
2004	アテネオリンピック 5位
2008	北京オリンピック 5位
2012	ロンドンオリンピック 銅メダル
2016	リオデジャネイロオリンピック 5位
2021	東京オリンピック 10位
2024	パリオリンピック 9位

コンビネーション攻撃にいち早く挑戦

ミュンヘンオリンピックで銀メダルに終わった主将の松村勝美は、くやしさから「こんなメダルいらない！」と発言。それを聞いた山田重雄監督（→29ページ）は、次の大会では金メダルをとらせたいと強く思った。ソ連を倒すために何が必要なのかを冷静に考えて指導方針を改革。科学的な裏づけをもとにトレーニングを課すとともに、「やらされる練習」から、自ら自覚して「やる練習」に変えた。男子バレーで最先端の戦術だったコンビネーション攻撃への挑戦もはじめる。ただ、速攻や時間差攻撃は複雑な動きとスピードが必要で、女子の筋力では不可能といわれていた。そこで、当時はどこもおこなっていなかった筋力トレーニングを導入。早朝ランニングもとりいれ、基礎体力の底上げをはかった。

「ひかり攻撃」の完成に1年

コンビネーション攻撃の中でも、打倒ソ連へ向けて山田監督があみだした必殺技は、「ひかり攻撃」だった。軌道が低く直線的で長めの「平行トス」をスパイクするもので、白井貴子とセッター松田紀子は猛特訓の末、1年かけて完成させた。一方、試合展開のデータ分析も導入した。現在は、パソコンのソフトで入力し分析できるが、当時は紙に手書きで記入し、試合終了後に整理集計していた。モントリオール大会では、予選リーグと準決勝を1セットも落とさず勝ちすすんだ。決勝はやはりソ連と対戦。相手のスタメンを当て、練習通りにプレーができたこともあり、3−0で勝利。3セットをわずか55分で終わらせる圧勝ぶりだった。

1970年代のエースアタッカー白井貴子

白井貴子は、身長180cmの長身に加え、パワーとスピードを兼ねたスパイクを相手コートにたたきこむ、絶対的エースだった。ミュンヘン大会後に引退したが、その力をチームに必要と思った山田監督は、実家をたずねて「選手たちに金メダルをとらせたい！」と口説き落とした。2000年、白井は日本人女性で初めてバレーボール殿堂入りをはたした。

白井の強烈なスパイク。

長めのトスを上げるセッター松田（4番）。

 1972年ミュンヘンオリンピックの女子バレー：4チームのグループリーグを1セットも落とさずに勝ちあがり、韓国との準決勝も3−0で勝利して、決勝の相手は強豪ソ連。フルセットまでもつれたが、2−3で日本はやぶれ、銀メダルとなった。

11

相手の裏をかくトス回し。長く司令塔として活躍した名セッター

中田久美
なかだくみ

当時史上最年少の15歳で日本代表に選出され、長いあいだ司令塔であるセッターとして活躍しつづけた。18歳で出場し銅メダルを獲得したロサンゼルス大会、1988年ソウル大会、1992年バルセロナ大会の3つのオリンピックに出場。日本人女性としては初めて海外チームのコーチをつとめたほか、2011年に久光製薬（現在のSAGA久光スプリングス）のコーチ、翌年には監督に就任。2021年の東京大会では日本代表チームの監督をつとめた。

はじめて3年足らずで日本代表。
異例のスピードで天才セッターがそだつ

中学からバレーをはじめ、3年生で日本代表に選ばれる。3年に満たないキャリアで日本代表に入ることは、競技を問わずきわめて異例だ。中学卒業後、通信制の高校に通いながら実業団の日立に入団したのも異例だった。天性の才能があったが、それを早くからみがける環境に身をおいたのだ。左右両利きで腕が長かったことと一本気で負けん気の強さを見抜いた山田重雄監督（→29ページ）は、センター（現在はミドルブロッカーという）からセッターへの転向を指示。転向後わずか1年でスタメン出場で活躍するようになる。1982年3月、日立は日本リーグで優勝をはたし、わずか16歳の中田は新人賞に輝いた。

日本代表としても活躍。1984年ロサンゼルスオリンピックでは、大型化が進んでパワーを増した中国、アメリカに完敗したが、銅メダルを獲得した。

中田久美

1965	東京都に生まれる
1980	15歳で日本代表に選出
1981	日立に進み、セッターに転向
1983	日本代表の正セッターとなる
1984	ロサンゼルスオリンピック 銅メダル
1988	ソウルオリンピック 4位
1992	バルセロナオリンピック 5位
2008	イタリアプロリーグセリエA・ビチェンツァのコーチに就任（日本人女性として初の海外プロチームの指導者）
2012	久光製薬の監督に就任し、天皇杯・皇后杯で優勝
2017	公募によってバレーボール女子日本代表の監督に就任（生沼スミエ以来の女性監督）。
2021	東京オリンピックで予選ラウンド敗退、監督を退任

高い位置であげるトスを開発したが、まねされる

どうすれば相手のブロックをおきざりにできるかなど、相手の裏をかいてまどわせるためのトス回しがセッターの勘所である。中田は腕の長さを生かして高い位置でボールをさばいてトスを上げる技術をみがきつづけた。高い位置で上げることで、より速く、相手にコースを読まれにくい攻撃ができる。当時は額の高さで上げることが常識だったが、その後ブラジル代表のセッター、マウリシオが中田のスタイルにならい、いまでは高い位置でのトスがあたりまえになった。

ソウル大会、バルセロナ大会とオリンピックに出場。引退後、イタリアのセリエAのチームのコーチ、久光製薬スプリングスのコーチ、監督をつとめた。久光では、女子チームで初となる三冠（皇后杯、V・プレミアリーグ、黒鷲旗）を達成した。

1984年ロサンゼルスオリンピック、中田のサーブ。

東京オリンピックの女子バレー

2017年に女子日本代表の監督に就任した中田。東京オリンピックに向けてチームの強化にまい進した。初戦のケニア戦でエースの古賀紗理那が足首をねんざして負傷退場したが、3－0の勝利。しかし、続くセルビアとブラジルに0－3と完敗。韓国、ドミニカ共和国にもやぶれ、予選ラウンドでまさかの敗退を喫した。

東京大会の中田監督。

高い位置でトスを上げる。

ポジションのよび方：2010年以前のポジション名の「レフト」「ライト」「センター」は、日本独自のものだった。現在は国際的なよび方である「アウトサイドヒッター（OH）」「オポジット（OP）」「ミドルブロッカー（MB）」に変更されている。

日本人初、世界一のプロリーグ、イタリア・セリエAで大活躍

加藤陽一

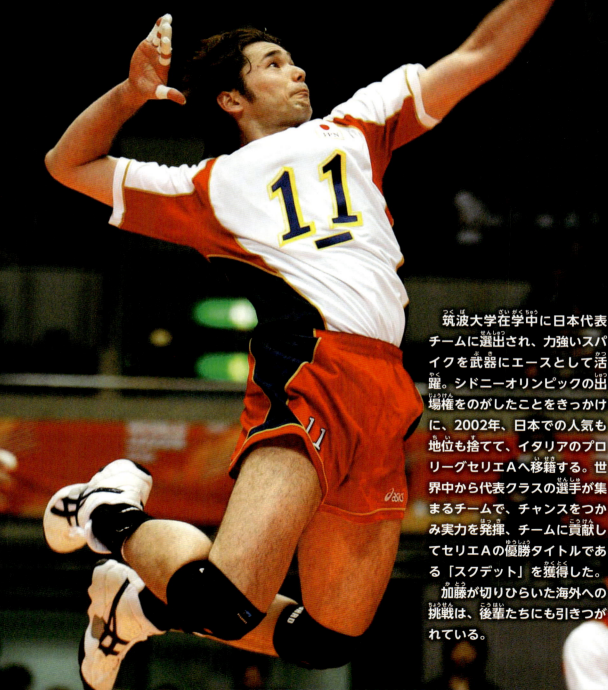

筑波大学在学中に日本代表チームに選出され、力強いスパイクを武器にエースとして活躍。シドニーオリンピックの出場権をのがしたことをきっかけに、2002年、日本での人気も地位も捨てて、イタリアのプロリーグセリエAへ移籍する。世界中から代表クラスの選手が集まるチームで、チャンスをつかみ実力を発揮、チームに貢献してセリエAの優勝タイトルである「スクデット」を獲得した。

加藤が切りひらいた海外への挑戦は、後輩たちにも引きつがれている。

バレーボール

自作のビデオでアピール

　加藤は、日本人アタッカーとしては男子で初めて海外移籍をした。世界との差を感じ、日本バレーの発展も願って海外でもまれる決断をしたのだ。当時、代表チームに選出されるにはＶリーグか大学所属選手という規定があったので、加藤の移籍は快く思われなかった。イタリアでも日本バレーの認識は低く、入団のために、自分でプロモーションビデオをつくってねばり強くアピールした。

　入団したのは、セリエＡのトップチームで強豪・イタリア代表が多く在籍するトレビーゾ。練習から大いに刺激を受け、平均的な身長だったが１ｍというジャンプ力、スピードのあるスパイクやレシーブにみがきをかけた。加藤は控えながらもチャンスをつかんで実力を発揮し、チームの優勝に貢献。オールスターにも選出されるほどのめざましい活躍を見せた。

異次元のジャンプ力。

海外移籍は後輩に引きつがれた

　その後、ギリシャ、フランスふたたびイタリアと数かずのチームに在籍してチームに貢献する。加藤の活躍を評価した日本バレーボール協会は、日本代表の選考基準からＶリーグか大学所属選手に限るという条項を削除した。いわば鎖国から世界基準への突破口を開いたのだ。

　そして、男子では石川祐希、髙橋藍など、海外に進出する選手があとに続くようになった。彼らは海外でもまれることによって、相手の高いブロックに動じず、ワンタッチをねらうなど余裕のある対応ができるようになってきている。また、得点できなくても、相手をくずす打ち方ができるようになった。

　2005年には国内リーグに復帰し、豊富な国際経験からプレイングマネージャーやユニバーシアードのテクニカルコーチを歴任し、現役ながら後進の育成にもたずさわった。37歳で引退後は女子トップリーグのチームのコーチに就任するなど、バレーボール界の発展に寄与している。

加藤陽一

1976	大分県に生まれる
1998	世界選手権で日本代表デビュー
1999	東レアローズ（現在の東レアローズ静岡）に入団
	ワールドカップ 10位
2000	Ｖリーグの敢闘賞、新人賞を獲得
2002	Ｖリーグのベスト6に選出
	世界選手権出場
	イタリア1部セリエＡのトレビーゾに移籍
2003	ギリシャ1部PAOKテッサロニキへ移籍
	ワールドカップで日本代表のキャプテンをつとめる
2004	1月、フランスリーグ・プロAのアラゴ・デ・セテへ移籍
	9月、セリエＡのRPAペルージャへ移籍
2005	JTサンダーズ（現在の広島サンダーズ）に移籍
2009	つくばユナイテッドSun GAIAへ移籍
2012	2011/2012Ｖチャレンジリーグで MVPに輝く
2014	選手引退。引退後は、コーチ、監督として活躍

高い打点からのスパイク。

バレーボール女子選手の海外移籍

　女子では大林素子、吉原知子が1995年に、セリエＡのアンコーナに移籍した。ただ、この移籍は前年のプロ化騒動で実業団を解雇されたためにおこなったものだった。2004年、リベロの佐野優子はフランスリーグのRCカンヌに入団して大活躍した。2012年には木村沙織がトルコのワクフバンクSKへ移籍。2022年、井上愛里沙がフランスのサン＝ラファエルに移籍した。

リベロ佐野のレシーブ。

イタリアでの給料： 加藤がイタリアのトレビーゾと契約したころ、給料は日本でもらっていた額の10分の1程度で、1年目は貯金を切りくずしての生活だった。当時、日本のバレー選手の評価はとても低かったのだという。

世界選手権でMVPを獲得した「世界最小・最強セッター」

竹下佳江

2000年代の日本女子バレーをけん引した名セッター。いったん引退したが、請われて復帰し、2005年には日本代表の主将になる。オリンピックでは2004年アテネ大会、2008年北京大会、そして2012年ロンドン大会での銅メダル獲得まで、チームをけん引した。高い判断力と変幻自在なトスさばきから「世界最小・最強セッター」とよばれた。

バレーボール

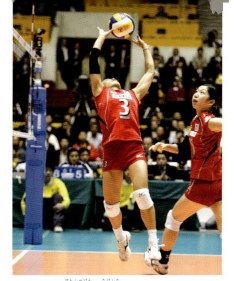

2006年世界選手権、竹下のバックトス。

竹下佳江

1978	福岡県に生まれる
1996	NECレッドロケッツ（現在のNECレッドロケッツ川崎）に入団
2000	シドニーオリンピックの最終予選で敗退
2003	ワールドカップで最優秀敢闘賞を獲得
2004	アテネオリンピック 5位
2005	日本代表の主将に指名される
2006	世界選手権でMVPを獲得。ベストセッター賞を受賞
2008	北京オリンピック 5位
2010	世界選手権 3位
2012	ロンドンオリンピック 銅メダル
2013	選手引退
2016	ヴィクトリーナ姫路の監督に就任
2022	日本代表の監督付戦略アドバイザーに就任

セッターは背が低いと通用しない、とバッシング

　竹下は、1997年、19歳で日本代表に初選出される。しかし、チームは2000年シドニーオリンピックの最終予選で敗退し、1964年の東京大会以来とりつづけていた出場権を初めてのがした。敗因は「セッターが身長159cmでは世界では通用しない」からと、身長の低い竹下が負けた原因にされ、精神的に追いこまれる。一度は引退したが、V1リーグのチーム・JTマーヴェラス（現在の大阪マーヴェラス）に強くさそわれて復帰した。

　日本代表にも復帰。竹下の本気度が伝わる絶妙なトスが上がると、アタッカーは「絶対に打たなくては」という気持ちになるという。竹下は世界的にも評価されるようになり、2006年に世界選手権でMVPを獲得したほか、さまざまな大会で「ベストセッター賞」を獲得。「世界最小・最強セッター」とよばれるようになった。

主将を兼ねるセッター。28年ぶりの銅メダル獲得

　2005年から2009年には、日本代表の主将に指名された。セッターで主将をつとめるのはめずらしい。体と頭をフル回転させるセッターは、チームをまとめあげる余裕をもちにくいためだ。それでも、竹下は主将を引きうけて、チーム内のコミュニケーションを深める努力をした。試合に負けるとメンバーにきびしい言葉をかけたが、それ以上に自分のトスが悪かったことを反省。何より自分にきびしい選手だった。

　日本代表に復帰後の2004年アテネ大会、2008年北京大会、そして2012年ロンドン大会の代表メンバーに選出されて3大会連続出場。ロンドン大会では負傷をかくして戦いつづけ、チームをけん引。日本は28年ぶりの銅メダルを獲得した。

2012年ロンドン大会の竹下。

けがをおしてのメダル獲得

　ロンドンオリンピック直前のスイス合宿中、竹下は左手人差し指を骨折するアクシデントに見まわれた。セッターにとって致命的なけがだったが、テーピングをして出場。メディアに対しては軽いねんざと発表し、チームの動揺をおさえた。1984年ロサンゼルス大会以来28年ぶりとなる銅メダルを獲得した立役者となった。

 バレーボールのボールの色：白いボールの歴史が100年以上続いていたが、1998年国際バレーボール連盟が公式球に「カラーボール」を採用した。日本のミカサ製で、青・黄・白の3色。2008年北京オリンピックから白ボールが消え、より見やすくするために「青・黄」の組みあわせに変更された。

高さのあるブロック、力強いクイックが武器のミドルブロッカー

荒木 絵里香

高さとパワーのあるミドルブロッカーとしてアテネオリンピックの代表候補に選ばれながら、最終メンバーからは落選。くやしさから奮起した。次の北京大会ではベストブロッカー賞を受賞するまで実力をつける。ロンドン大会では、ここいちばんの大事な場面で、相手の攻撃をブロックするなどたよれる主将として竹下らとともに、チームをけん引。28年ぶりのメダル（銅）獲得に導いた。その後結婚して出産し、子育てしながら現役復帰。東京大会まで4大会連続のオリンピック出場をはたした。

バレーボール

北京大会でベストブロッカー賞に

成徳学園高校（東京都／現在の下北沢成徳高校）3年のとき、春高バレー、インターハイ、国体の三冠を獲った。2003年3月に代表候補に招集されたものの、アテネオリンピックでは最終メンバー12名から落選。同学年の栗原恵、大山加奈、後輩の木村沙織が選ばれ注目を集めていたのでくやしい思いをし、4年後は絶対に代表チームに残ると決意。一歩ずつ努力を積みかさねていった。

2008年、北京大会でオリンピックに初出場し5位、ベストブロッカー賞を受賞した。相手の攻撃を防ぐミドルブロッカーには、ブロックの高さだけでなく、クイックに反応する俊敏さや、フェイクプレーなどのコンビプレーを見抜く判断力が必要だ。荒木には、これらの能力に加えて、センターからたたきこむ速攻のスパイクにパワーがあった。2009年5月からは主将を任され、声を出してチームを盛りあげ、鼓舞した。

荒木絵里香

1984	岡山県に生まれる
2003	日本代表初選出（高校3年）
	東レアローズ（現在の東レアローズ静岡）入団
2008	北京オリンピック 5位、ベストブロッカー賞を受賞
	イタリア・セリエAのバレー・ベルガモへ移籍
2009	東レへ復帰、日本代表の主将に就任
2010	世界選手権で32年ぶりの快挙となる3位
2012	ロンドンオリンピックで主将としてチームをけん引し、28年ぶりの銅メダル獲得
2015	結婚・出産を経験して、3年ぶりに日本代表復帰
2016	リオデジャネイロオリンピック 5位
2019	Vリーグ通算ブロック決定本数1044本の日本新記録を樹立
2021	東京オリンピック 10位

セリエAで刺激を受け、子そだてをしながらの現役復帰

北京大会後、世界最高峰のイタリアリーグ・セリエAに挑戦。そこで目にしたのが、バレーボールだけでなく、日々の生活もゆたかに過ごすトップアスリートたちのくらしぶりだった。当時の日本では考えられない、"ママさん"バレーボーラーがあたりまえに活躍していたことに、荒木は大きな影響を受けた。

2012年のロンドン大会では、主将として日本の28年ぶりのメダル獲得に貢献した。メダル獲得後、結婚し長女を出産。赤ちゃん中心の生活となってジャンプ力などが変化したが、トレーニングを再開。長女が1歳になる前に現役復帰をはたし、リオデジャネイロ大会、東京大会の日本代表に選出された。4大会連続のオリンピック出場をはたすとともに、競技と子そだてを両立するアスリートとしての道をひらいた。引退後も"ママさんアスリート"を応援する活動を続けている。

2008年北京オリンピックでブロックする荒木。

荒木の強烈なアタック。

アタック決定率54.7％！

荒木の2007-2008年Vプレミアリーグのアタック決定率は54.7％。日本記録を更新した。リーグでは歴代1位となる通算出場セット数1585、通算ブロック決定本数1335という大記録をもつ。

ベスト6賞11回、ブロック賞8回、2度のMVP受賞など数かずの賞に輝いた。

ミドルブロッカー：前衛のまん中にいるため、オープン攻撃、クイック、左右かまん中かにかかわらず、つねにブロックに参加する。そのため背の高い選手がなることが多く、荒木も186cmの高身長だった。また、クイックなどの攻撃力も重要だ。

「スーパー女子高生」は人気のエースアタッカーに

木村 沙織
(きむら さおり)

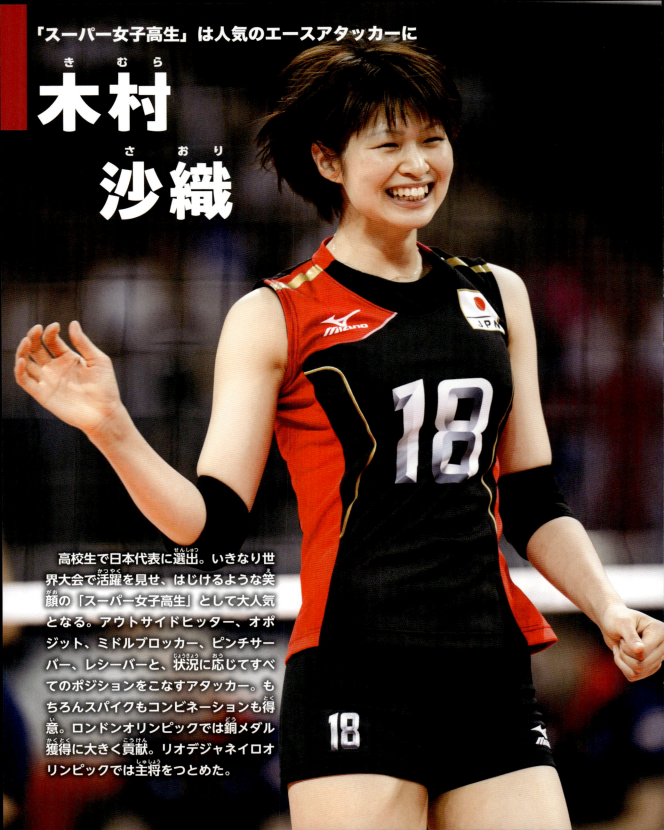

高校生で日本代表に選出。いきなり世界大会で活躍を見せ、はじけるような笑顔の「スーパー女子高生」として大人気となる。アウトサイドヒッター、オポジット、ミドルブロッカー、ピンチサーバー、レシーバーと、状況に応じてすべてのポジションをこなすアタッカー。もちろんスパイクもコンビネーションも得意。ロンドンオリンピックでは銅メダル獲得に大きく貢献。リオデジャネイロオリンピックでは主将をつとめた。

バレーボール

ブロックをさけてスパイクを打つ木村。

木村沙織

1986	埼玉県に生まれる
2003	アジア選手権に出場し、日本代表デビュー
2004	アテネオリンピック 5位
2005	東レアローズ入団
2006	世界選手権出場。第12回Vリーグで新人賞を獲得
2008	北京オリンピック 5位
2010	世界選手権 3位
2012	ロンドンオリンピック 銅メダル
	ワクフバンクSK(トルコ)へ移籍
2013	ヨーロッパチャンピオンズリーグ優勝
	日本代表の主将に指名される
2014	東レアローズに復帰
2016	リオデジャネイロオリンピック 5位
2017	選手引退

肩のやわらかさをいかし、ブロックをさけてスパイク

　17歳で日本代表に初招集。2004年アテネオリンピックの最終予選では、アウトサイドヒッター(レフト)のエースとして大活躍し、出場権の獲得に貢献する。代表初スタメンながら1試合で14得点をあげ、「スーパー女子高生」として一気に話題を集める存在となった。

　木村の決定力の高さの秘密は、体の柔軟性にある。肩の関節のやわらかさをいかし、するどい角度のスパイクが打てる。また、ストレートを向きながらブロックをさけてクロスに打ったり、ブロックアウト(ブロッカーにあたったボールがアウトになること)をねらえたりするのだ。

　しかし、アテネ大会本番では、腰痛のため出場機会がほとんどないまま終わる。このとき中国対ロシアの決勝戦を会場で観戦。初めてメダルへの強い気持ちが生まれた。

2012年ロンドンオリンピックでは絶対的エースとしてチームをリード

　高校卒業後、東レアローズ(現在の東レアローズ静岡)に入団した木村は主力として活躍し、チームは常勝軍団とよばれるようになった。日本代表でも絶対的エースとして数かずの国際大会で存在感をしめした。

　2012年ロンドンオリンピックで日本代表はついに銅メダルを獲得。その原動力となったのが木村だった。世界ランクが上の中国との準々決勝では、江畑幸子とともにチーム最多の33得点をあげる活躍。フルセットの大激戦の末、これまでオリンピックで5度対戦し1セットも奪えなかった中国をやぶったのだ。続く準決勝でブラジルに負けたものの、3位決定戦で韓国に勝利し、28年ぶりのメダルを獲得した。

　その後、世界のトップ選手がプレーするトルコのワクフバンクSKに移籍し、2年間の挑戦のなかでヨーロッパチャンピオンズリーグ優勝も経験。4大会連続のオリンピックとなるリオデジャネイロ大会では主将としてチームを率いた。

1984年ロサンゼルス大会以来となるメダル獲得。

世界最高峰のトルコリーグ

　海外のプロリーグで、世界最高峰といわれているのは、男子はイタリアのセリエAである。コート内にイタリア人は最低2人いればいいというルールなので、各国のトップ選手がしのぎをけずっている。女子も、以前はイタリアが有名だったが、現在はトルコにトップ選手が集まっている。

 カフェ経営：木村は引退後、子どものころからの夢だったというカフェを大阪にオープン。夫婦で経営していたが、引っ越しを機に4年で閉店した。スープカレーやハンバーガーを提供していた。

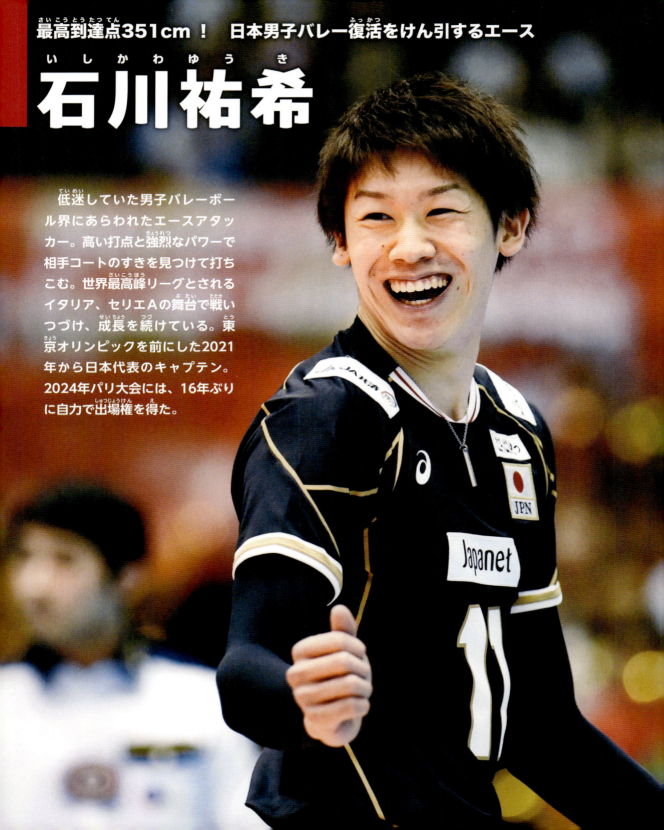

最高到達点351cm！　日本男子バレー復活をけん引するエース

石川祐希

低迷していた男子バレーボール界にあらわれたエースアタッカー。高い打点と強烈なパワーで相手コートのすきを見つけて打ちこむ。世界最高峰リーグとされるイタリア、セリエAの舞台で戦いつづけ、成長を続けている。東京オリンピックを前にした2021年から日本代表のキャプテン。2024年パリ大会には、16年ぶりに自力で出場権を得た。

バレーボール

ブロックのあいだを抜く石川のスパイク。

石川祐希(いしかわゆうき)

1995	愛知県に生まれる
2012	インターハイ、国体、春高バレーの三冠に輝く
2013	インターハイ、国体、春高バレーの2年連続三冠に輝く(史上初)
2014	大学1年生時に史上最年少で日本代表に選出 アジア競技大会 準優勝 全日本インカレ 優勝(2016年まで3連覇)
2017	アジア選手権 優勝
2018	世界選手権出場
2019	ワールドカップ 4位
2021	セリエAミラノでカップ戦 優勝 東京オリンピックに主将として出場し、7位
2022	世界選手権 12位
2024	パリオリンピック 7位、セリエAペルージャに移籍

ジャンプ力をいかし、コースを打ちわける

　日本男子史上最年少の18歳で代表に選ばれ、デビュー戦のアジア競技大会では3試合連続2けた得点。チームを準優勝に導く。大学卒業後は、イタリア・セリエAのモデナ・バレーに。日本代表の主力で直接海外リーグへ入ったのは、石川が史上初だった。

　石川のもち味はなんといってもスパイクの高さだ。身長192cmに抜群のジャンプ力。助走してジャンプした最高到達点は351cmといわれる。ブロックの上からのスパイクだけでなく、滞空時間が長いためブロックを見てからのコースの打ちわけができる。アタックラインより手前にクロススパイクをたたきつけることもある。

　力強いジャンプサーブも武器だ。時速130kmを超えるといわれる超高速ボールでねらったコースに打ち、相手をくずし得点する。

代表チームでキャプテンに。メダルへの夢はやぶれる

　石川はモデナを皮切りに、ラティーナ、シエナ、パドヴァ、ミラノとチームをステップアップし、キャリアを積みかさねていく。2024-2025年シーズンからはセリエAの王者シル・サフェーティ・ペルージャに移籍。各国の代表がひしめくリーグで高さに慣れ、技術にみがきをかけ、フィジカルを強化。人間的にも成長した。ふだんは控えめな性格だが、ひとたびコートに入るとスイッチが入り、感情を爆発させてほえ、チームメイトを鼓舞するようになった。

　2021年日本代表のキャプテンに就任。東京オリンピックでは7位に終わったが、2024年パリ大会へは16年ぶりに自力で出場権を得た。しかも直前に世界ランク2位となり、同1位のポーランドを強化試合でやぶったことから、金メダルの期待がかかっていた。予選は苦戦して8位で通過。イタリアとの準々決勝は、2セット先取したもののフルセットの末にやぶれ、7位となった。メダルへの夢はロサンゼルス大会までもちこしとなった。

コイントス

　ゲームの前にコイントスをおこなう。まず、両チームのキャプテン(主将)が裏か表かをきめる。主審が投げたコインと同じ面のキャプテンが、「先にサーブをする」、「先にサーブを受ける」、「コートサイド」、のいずれかを選ぶことができる。キャプテンはユニフォームの番号の下にアンダーラインのようなマークをつけている。

パリオリンピックのイタリア戦でスパイクをきめる石川。

セリエAのペルージャ：石川が2024年に移籍したペルージャは、イタリア半島のまん中あたりに位置するペルージャを本拠地とする男子バレーのクラブチーム。セリエAでは2024年優勝。ほかのタイトルもたびたび獲得している強豪で、石川は「優勝したい」ので移籍したという。

挫折を乗りこえて女子日本代表をリードしたキャプテン

古賀紗理那

相手のすきをつく強力なスパイク、相手ブロックをかわす頭脳的なプレーなど、冷静な判断力と高度なテクニックをもつアタッカー。リオデジャネイロオリンピック出場直前での代表落選という挫折を乗りこえて、復活。高校生から日本代表に選出されてエースとして期待され、同じアウトサイドヒッターとして活躍したことから「木村沙織2世」ともよばれた。

バレーボール

2024年パリオリンピックでキャプテンをつとめる。

2023年ワールドカップの古賀(左)と石川真佑。

古賀紗理那

1996	佐賀県に生まれる
2012	第9回アジアユース選手権 優勝
2013	日本代表に初選出(16歳)
	第1回世界U-23選手権 3位(ベストアウトサイドヒッター賞)
2014	インターハイ 準優勝
2015	NECレッドロケッツ(現在のNECレッドロケッツ川崎)入団
2016	V・プレミアリーグ最優秀新人賞
2018	世界選手権 6位
2019	ワールドカップ 5位
2021	東京オリンピック 10位。負傷退場するも、途中復帰
2022	世界選手権 5位。負傷退場するも、途中復帰
2024	パリオリンピック 9位。8月に選手引退

代表に落選。初めての挫折で落ちこむ

　中学3年の全国大会で3位入賞、MVPに選ばれ、すでに将来を期待されていた。高校1年でアジアユース選手権に出場し、MVPとベストスコアラー賞を受賞。高校2年で日本代表に初選出され、イタリア4か国対抗戦に途中出場して活躍を見せた。卒業後はNECレッドロケッツに入団。すぐに10年ぶりのリーグ制覇に貢献し、V・プレミアリーグ最優秀新人賞受賞、次のシーズンにはMVPを受賞する。

　はなばなしい成績を残し、「次代のエース」「木村沙織2世」といわれた古賀だが、2016年のリオデジャネイロオリンピック最終選考では落選してしまう。最終予選を兼ねたアジア予選で、攻守ともに不調だったのだ。とくにサーブレシーブでミスが続き、しつこくねらわれた。落選は古賀にとって初めての大きな挫折となり、ひどく落ちこんだ。

不運に打ちかつメンタルの強さを身につけてキャプテンに

　古賀は毎日の練習にいっそう真剣にとりくんだ。レシーブ力は向上し、2020-2021年シーズンのVリーグでのサーブレシーブ成功率63%(リーグ5位)と安定するようになる。攻撃力も上がり、2021年の東京オリンピックに出場したが、初戦で右足首をねんざし退場。6日後、コートにもどったがチームは10位に終わった。古賀の不運は続き、2022年の世界選手権でも右足首をねんざし、5位。心が折れる体験を3度も体験しながら、どん底からはいあがる気持ちの強さを身につけた。2022年からはキャプテンをつとめ、試合中には笑顔を絶やさず、チームを盛りあげるリーダーとなった。

「マッハとジェット」で得点をかさねる

　スピード感ある強力なスパイクが古賀のもち味だ。それがとくにいきたのが、眞鍋政義監督がパリ大会に向けて考案した「マッハとジェット」。セッターがトスをあげて1秒以内にアタックする戦術だ。前にトスをあげるのが「マッハ」、後ろにあげるのが「ジェット」。古賀はジェットで得点をかさね、パリ大会予選突破に大きく貢献した。パリ大会ではキャプテンをつとめたが、残念ながら予選ラウンドで敗退。大会終了後の2024年8月に引退した。

バレーボールのワールドカップ

　バレーボールのワールドカップは1965年にポーランドで男子の第1回大会がはじまった。女子の第1回大会は1973年にウルグアイでおこなわれた。大会が大きくかわったのは1977年。男女とも日本で試合がおこなわれる。フジテレビが放送権を独占して大会をおおいに盛りあげ、ファンもふえた。それ以来、ワールドカップは毎回(4年に1度)日本でおこなわれてきたが、2019年大会で終了した。

　ところが2023年にもワールドカップという名の大会があった。それは世界3か所でおこなわれたオリンピック予選の1つ。ワールドカップという名前はついていたものの、じつは別の大会になっていたのだ。ワールドカップの今後については、検討がおこなわれている。

 引退セレモニー：2024年10月12日、SVリーグ女子開幕戦のNECレッドロケッツ川崎-埼玉上尾メディックス戦の試合後に、古賀の引退セレモニーがおこなわれた。古賀は母から花束を贈呈され、満面の笑顔を見せた。さらにボールを手わたされると、コートにラストサーブを打ちこんだ。

まだまだいる！歴史をつくった選手たち

南 将之
レフト（アウトサイドヒッター）

ミュンヘンの奇跡の大スター選手

男子バレー全盛期のアタッカー。196cmの大型スパイカーで、Aクイックが得意。金メダルを獲得したミュンヘンオリンピックの準決勝、ブルガリア戦では2セットを失って劣勢だったが、途中出場してチームに勢いをとりもどし、「ミュンヘンの奇跡」と語りつがれる大逆転劇に貢献した。1989年からは、男子日本代表の監督をつとめた。

●おもな実績
1964年 東京オリンピック 銅メダル
1968年 メキシコシティーオリンピック 銀メダル
1972年 ミュンヘンオリンピック 金メダル

中村祐造
センター（ミドルブロッカー）

パワフルなプレーでチームを鼓舞

1961年に八幡製鉄（のちの新日鐵。現在の日本製鉄堺ブレイザーズ）入団。伝説のミュンヘンオリンピックのブルガリア戦、0-2と絶体絶命の場面で南将之とともに交代出場し、パワフルなプレーと大声でチームを生きかえらせ、3-2の逆転勝利に導いた主将。レシーバーの手をはじくドライブサーブを得意とした。新日鐵では26歳から選手兼監督をつとめ、低迷期のチームを常勝軍団にそだてあげた。

●おもな実績
1964年 東京オリンピック 銅メダル
1972年 ミュンヘンオリンピック 金メダル
1977年 日本代表監督としてワールドカップで銀メダル獲得

川合俊一
センター（ミドルブロッカー）

インドア、ビーチの2種目で活躍

日本体育大学在学中に日本代表に選ばれ、大学卒業後は富士フイルムに入社。1984年ロサンゼルスと1988年ソウルのオリンピックに出場し、翌年には日本代表チームの主将に就任。1990年に現役を引退し、日本人初のプロビーチバレー選手に転身。アメリカのトーナメントに出場した。その後、スポーツキャスター、コメンテーター、バレーボール解説者、タレントとして活躍。競技の普及・選手の育成にとりくんでいる。

●おもな実績
1984年 ロサンゼルスオリンピック 7位
1988年 ソウルオリンピック 10位
2022年 日本バレーボール協会会長に就任

大林素子
ライト（アウトサイドヒッター）

『アタックNo.1』を見てバレーをはじめる

182cmの長身とサウスポーを生かした攻撃で、オリンピック3大会でエースとして活躍。コートの右端から左端まで走りぬけて打つブロード攻撃はモトコスペシャルとよばれた。1995年、イタリアのアンコーナへ日本人初のプロ選手として移籍。引退後はスポーツキャスター、俳優、歌手など、マルチタレントとして多彩な活動をおこなっている。

●おもな実績
1988年 ソウルオリンピック 4位
1992年 バルセロナオリンピック 5位
1996年 アトランタオリンピック 9位

バレーボール

中垣内祐一
ウイングスパイカー（アウトサイドヒッター）

人気ナンバー1のミスター・バレーボール

1990年代の日本男子を支えたエースアタッカー。筑波大学を経て、強豪の新日鐵に入部した1990年には、ルーキーイヤーながらMVPやベスト6などタイトルを総なめした。日本代表のエースとして1992年バルセロナオリンピックに出場。引退後、男子日本代表監督に就任、2021年東京オリンピックでチームを29年ぶりの8強進出へ導いた。

●おもな実績
1992年 バルセロナオリンピック 6位
2017年 男子日本代表チームの監督に就任
2021年 監督として出場した東京オリンピックで7位入賞

吉原知子
センター（ミドルブロッカー）

戦う魂と日本を背負う気概を背中でしめす

1995年1月、日本人初のプロ選手としてイタリアのアンコーナへ移籍。国内では所属したすべてのチームで優勝した華やかな実績から「優勝請負人」とよばれた。アテネオリンピックの世界最終予選では、とっておきの切り札として7年ぶりに代表に招集、主将に抜てきされた。精神的支柱としてチームをけん引し、2大会ぶりに出場権を獲得。引退から9年後の2015年にJTマーヴェラスの監督としてバレー界に復帰し、2024年に退任した。

●おもな実績
1992年 バルセロナオリンピック 5位
1996年 アトランタオリンピック 9位
2004年 アテネオリンピック 5位

大山加奈
ウイングスパイカー（アウトサイドヒッター）

小中高のすべての年代で全国制覇を達成

幼少期は内気でぜんそくもち、スポーツとは無縁の子どもだったが、バレーボールと出会って病気を克服。日本代表になり、世界選手権、ワールドカップ、オリンピックに出場するまでになった。身長187cmのめぐまれた体から、強烈なスパイクを相手コートにさく裂させた。力強くて重いスパイクから「パワフル・カナ」とよばれ人気をはくしたが、持病の腰痛のため、26歳で現役を引退した。

●おもな実績
2003年 ワールドカップ 5位
2004年 アテネオリンピック 5位
2007年 ワールドカップ 7位

栗原 恵
ウイングスパイカー（アウトサイドヒッター）

メグ・カナコンビで鮮烈なデビュー

2003年（高校3年時）のワールドカップでは、身長186cmの若いエースとして活躍して「プリンセス・メグ」とよばれた。日本代表の一員として、大山加奈とともに「メグ・カナコンビ」の女子バレーブームを巻きおこす。2007年9月のアジア選手権では24年ぶりの優勝に大きく貢献。2010年10月に日本で開催された世界選手権に出場し、32年ぶりに銅メダルを獲得した。引退後はテレビなどでも活躍している。

●おもな実績
2003年 ワールドカップ 5位
2004年 アテネオリンピック 5位
2008年 北京オリンピック 5位

清水邦広
オポジット

**野性味あふれる
プレーでチームに貢献**

サウスポーのアタッカーで、2007年に20歳で日本代表に入り、2008年の北京オリンピックに出場した。全身からあふれでるようなパワーをもち、破壊力のあるスパイクを打つ。「ゴリ」という愛称で、長年日本代表の大黒柱として活躍した。2016年と2018年には試合中に大けがを負ったが、不屈の闘志でみごとカムバック。相手のブロックをねらうブロックアウトや、相手のすきをつくプッシュ攻撃などテクニックにみがきをかけて攻撃の幅をひろげた。

●おもな実績
2008年 北京オリンピック 11位
2021年 東京オリンピック 7位

西田有志
オポジット

**ほとばしる
マグマのような闘争心**

2017年、V・プレミアリーグ男子のジェイテクトに高卒選手として入団。2018-2019年シーズンに最優秀新人賞、2019-2020年シーズンに最高殊勲選手賞、得点王、サーブ賞を受賞。東京オリンピックではチーム2位の105得点をマークし、日本の29年ぶりの準々決勝進出に貢献した。2021年には、イタリア・セリエAのビーボ・バレンティアでプレーした。高い跳躍力を生かしたサウスポーのアタッカーで、高速サーブと強烈なスパイクがもち味だ。

●おもな実績
2018年 日本代表に初選出
2019年 ワールドカップ出場。ベストサーバー賞を受賞
2021年 東京オリンピック 7位
2023年 パナソニックパンサーズに移籍

石川真佑
アウトサイドヒッター

**23歳でイタリアへ
わたり、セリエAで活躍**

バレーボール男子のエース石川祐希の5歳年下の妹。下北沢成徳高校（東京都）では1年生ながら全日本高校選手権優勝に貢献した。高校を卒業する前に東レアローズのメンバーとしてVリーグデビューをはたした。2019年に日本代表に選ばれ、U-20世界選手権、アジア選手権で優勝し、ともにMVPに選ばれる。同年秋のワールドカップではチーム最多得点をあげるなど大活躍した。2022-2023年にはVリーグの東レで日本選手歴代最多の735得点をあげる。2023年からは兄のいるイタリア・セリエAでプレーしている。

●おもな実績
2019年 U-20世界選手権 優勝。アジア選手権 優勝
2021年 東京オリンピック 10位
2022年 世界選手権 5位
2024年 ネーションズリーグ 2位。パリオリンピック 9位

髙橋 藍
アウトサイドヒッター

**最高到達点350cm
からの弾丸スパイク**

2020年、東山高校（京都府）3年生のときに春高バレーで優勝。MVPを受賞した。2020年4月に日本体育大学に進学、同年の全日本インカレではチームを準優勝に導いた。2021年、日体大在学のまま、イタリアのセリエAのパッラヴォーロ・パドヴァに入団して2年を過ごし、2023年ミント・ヴェロバレー・モンツァに移籍した。もともとクロスに打つのが得意だったが、セリエAでもまれて、ストレートやインナーにも打ちわけるなど成長。2024年に国内に復帰した。

●おもな実績
2020年 日本代表登録メンバーに選出
2021年 東京オリンピック 7位
　　　 アジア選手権 2位
2024年 パリオリンピック 7位

歴史をいろどる日本の名監督 ― バレーボール

大松博文
オリンピック金メダル「鬼の大松」

1964年東京オリンピックでは女子日本代表の監督として、「東洋の魔女」を率いて金メダルを獲得。日本中を熱狂させた。選手の指導は徹底してきびしく「鬼の大松」とよばれたが、大松が選手にいったという「おれについてこい」「なせばなる」は当時の流行語になる。大松と苦労の末金メダルを勝ちとった女子代表メンバーのストーリーは、1965年『おれについてこい！』という映画にもなっている。

松平康隆
男子チームにも金メダルを

オリンピック男子日本代表のコーチ・監督をつとめ、1964年東京大会ではコーチとして銅メダル、1968年メキシコシティー大会では監督として銀メダルを獲得した。さらに、ふたたび監督として出場した1972年ミュンヘン大会の準決勝では、追いつめられた0－2から奇跡の大逆転を演じ、3－2で決勝に駒を進め、チームを金メダルに導いた。当時の強豪ヨーロッパ勢を徹底的に研究して速攻のバレーチームをつくりあげた。

山田重雄
科学的な指導で完璧な試合をおこなった

大松博文のあと、オリンピック女子日本代表の監督をつとめ、1968年メキシコシティー大会では銀メダル。1976年モントリオール大会では、全試合で1セットも落とさない圧倒的な強さで金メダルを獲得した。山田は大松のきびしい指導とは対照的な方法を採用。映像技術が進んでいなかった当時、アナログ的な手法で相手チームのスパイクコースを分析するなど、科学的な指導をおこなったのだ。それが強いチームをつくった。

眞鍋政義
「IDバレー」で28年ぶりのメダル

オリンピックで金メダルを獲得した1976年モントリオール大会、銅メダルの1984年ロサンゼルス大会以来メダルから遠ざかっていた女子日本代表。2000年シドニー大会には出場すらできなかった。そんなチームを立てなおしたのが眞鍋政義だった。2009年に監督に就任すると、タブレットを片手にデータを駆使した「IDバレー」を展開。その結果、2010年の世界選手権では3位に入賞。2012年ロンドンオリンピックでは銅メダルを獲得した。

29

急成長する日本のバスケットボール

1936年ベルリンオリンピックに出場

バスケットボールは、1891年にアメリカのマサチューセッツ州スプリングフィールドにある国際YMCA（キリスト教青年会）で体育教師をつとめていたカナダ出身のジェームズ・ネイスミスによって考案された。高い位置にカゴ（バスケット）をとりつけて、そこにボールを投げいれて点数を競うバスケットボールを生みだしたのだ。

バスケットボールは急速にヨーロッパへひろまっていく。日本でも、アメリカでスポーツを学んだ大森兵蔵が、20世紀初頭にバスケットボールとバレーボールを紹介した。1932年には国際バスケットボール連盟

バスケットボールを考案したジェームズ・ネイスミス。

（FIBA）が設立され、オリンピックの正式競技になったのは1936年ベルリン大会。その大会には日本男子チームも出場し、トーナメント1回戦で中国に、2回戦でポーランドに勝利したが、3回戦でメキシコにやぶれている。

3Pシュートの出現が日本の味方に

第二次世界大戦後、日本がふたたびオリンピックのバスケットボールに出場したのは1956年メルボルン大会だった。男子のみがおこなわれ、日本の成績は出場15か国中10位。ところが4年後の1960年ローマ大会は7戦全敗で最下位に終わった（棄権のブルガリアをのぞく）。その結果を受けて、日本は地元開催の1964年東京大会に向けて強化をはかった。そして本番、日本は初戦のカナダ戦で勝利、2戦目のハンガリー戦にも勝利した。だがそれ以降は負けが多く、最終順位は16か国中10位。ただ、身長差のあるヨーロッパ勢などに4勝したことは評価された。

いっぽう女子のバスケットボールがオリンピックに登場したのは1976年モントリオール大会。前年の世界選手権で2位となった日本は、メダルを期待されるも6チーム中5位。その後1996年アトランタ大会でベスト8進出をはたした以降は低迷したが、2016年リオデジャネイロ大会でベスト8に輝いている。

バスケットボールは身長の高い選手が有利で、日本人には不利だといわれてきたが1980年前後に採用されるようになった3Pシュートが、日本の味方になってくれた。海外チーム相手に苦戦していた日本のバスケットボールは、着実に強くなっていった。

パリオリンピックでは高さに苦しめられた女子日本代表。

日本のバスケがかわっていく

　1990年、バスケットボールをテーマにしたマンガ『SLAM DUNK』の連載が、『週刊少年ジャンプ』（集英社）ではじまった。のちに単行本化され、世界30の国と地域で発行。累計部数は1億8500万部以上とされている。テレビアニメにもなった。これをきっかけとして多くの子どもたちがバスケットボールに熱中した。

　しかし当時の国内では、バスケットボールは「する」スポーツであり「見る」スポーツと思われていなかった。2つの男子トップリーグが存在していたことがその原因のひとつだった。FIBAからもひとつのリーグにまとめるよう強い要請があった。そこで日本バスケットボール界は、サッカーJリーグ初代チェアマンを経験した川淵三郎氏をトップにしたチームを組み、統一リーグ発足に向けて動きだした。その結果、2016年に開幕したのが、ジャパン・プロフェッショナル・バスケットボールリーグ、通称「Bリーグ」である。ここから日本のバスケットボールは大きく前進することになる。

世界にはばたく日本のバスケットボール

　2021年におこなわれた東京オリンピックで、日本女子チームが銀メダル獲得という快挙をなしとげた。

　しかし2024年のパリ大会では、身長が高い海外勢がさらにスピードやフィジカルを強化してきた。それに対応できず、日本は予選リーグ3戦全敗。課題の残る大会になった。

　男子は2023年8月のワールドカップでアジア1位になり、自力でオリンピックの出場権を獲得。2024年パリ大会では決勝トーナメント進出をかけて地元フランスとはげしい戦いをくりひろげたが、第4クオーター残り16.4秒の意外なジャッジによってやぶれてしまった。だが、強豪フランスをぎりぎりまで追いつめた日本男子チームを称賛する声は大きかった。

　個人に目を向けると、2004年、世界最高峰のアメリカプロバスケットボールリーグ「NBA」（→58ページ）に、日本人として初めて田臥勇太がデビューした。NBAにはその後、2018年に渡邊雄太が、2019年に八村塁が、そして2024年には河村勇輝がデビューしている。女子では1997年に萩原美樹子がWNBAに移籍。以来、大神雄子、渡嘉敷来夢、町田瑠唯が移籍をはたした。これからますます世界トップクラスの日本人バスケットボールプレーヤーが生まれていくだろう。

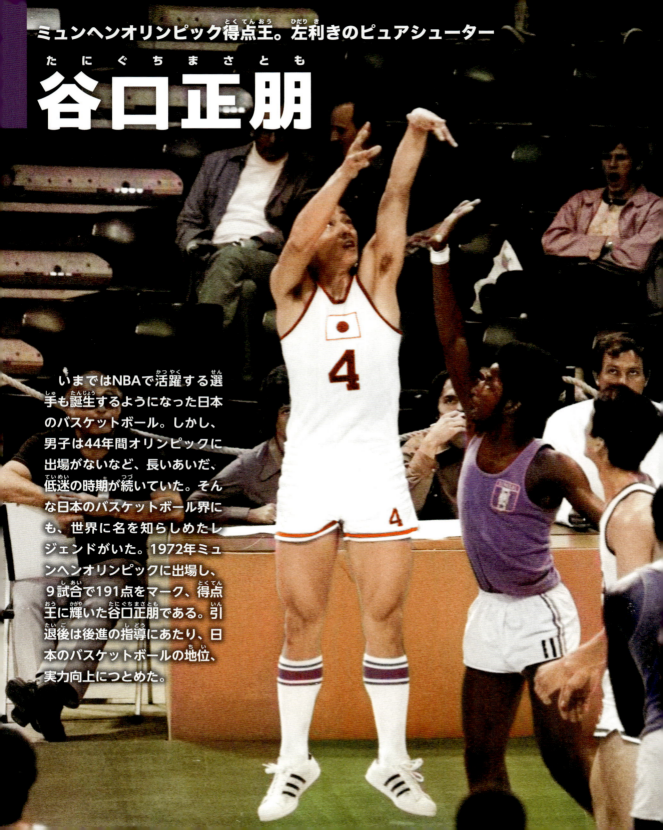

ミュンヘンオリンピック得点王。左利きのピュアシューター

谷口正朋

　いまではNBAで活躍する選手も誕生するようになった日本のバスケットボール。しかし、男子は44年間オリンピックに出場がないなど、長いあいだ、低迷の時期が続いていた。そんな日本のバスケットボール界にも、世界に名を知らしめたレジェンドがいた。1972年ミュンヘンオリンピックに出場し、9試合で191点をマーク、得点王に輝いた谷口正朋である。引退後は後進の指導にあたり、日本のバスケットボールの地位、実力向上につとめた。

バスケットボール

電車の中でつま先立ちするなど筋肉をきたえた

　身長が高かった谷口正朋は、高校の監督に声をかけられて入部した。中学からバスケットボールをやっている同級生に追いつくために、過酷な練習を積みかさねた。体幹の筋肉をきたえるために、登下校の電車ではつねにつま先立ち。全身が筋肉痛となったが、うまくなりたいという一心だった。シュート練習を毎日1000本こなし、そのうちの980本をリングにしずめていたという。谷口は「わたしよりシュート練習をした選手はいないと思っています」と語る。その努力は実を結び、高校3年で日本代表に招集され、世界選手権に出場した。

本当の日本のエース

　たぐいまれなシュート力をもち、バスケをはじめてわずか3年で日本代表入りしたことから、「天性の才能をもつ稀有なシューター」と称賛された。サウスポーであり、フォームが美しい「ピュアシューター」ともいわれていた。
　中央大学進学後は、4年生のときのインカレ（全日本大学選手権）で優勝。大学卒業後は日本鋼管に入社し、日本リーグ4連覇に貢献。5年連続の得点王、9年連続のベスト5選出、2度のMVPに輝いた。全日本総合選手権（現在の天皇杯全日本選手権）では1969年から1978年の10年連続で年間優秀選手賞を受賞した。日本人選手のトップに立ち、世界と互角に戦える真の「日本のエース」として活躍した。
　1972年ミュンヘンオリンピックでは主将をつとめ、9試合に出場して191点をたたきだし、得点王になった。日本代表チームは14位という不本意な成績であったが、正確無比なシュートを放つ谷口の名は世界に知られることとなった。

谷口正朋

1946	東京都に生まれる
1965	ユニバーシアード 12位
	アジア選手権（現在のアジアカップ） 優勝
1967	世界選手権（現在のワールドカップ） 11位
1969	アジア選手権 2位
	全日本総合選手権年間優秀選手賞を受賞（1978年まで10年連続）
1970	ユニバーシアード 17位
	アジア競技大会 3位
1971	アジア選手権 優勝
1972	ミュンヘンオリンピック 14位（191点で得点王）
1973	アジア選手権 4位
1974	アジア競技大会 7位
1975	アジア選手権 2位

1972年ミュンヘンオリンピックの谷口。

ミュンヘンオリンピック、フィリピン戦は73対82で敗退。

ともに戦った阿部成章

　谷口と同じく1972年ミュンヘンオリンピックに出場。1976年モントリオール大会にも出場し主将をつとめた。ポジションはガード。モントリオール大会のプエルトリコ戦（準決勝ラウンド）できめた34点は、現在でもオリンピックにおけるバスケットボール男子日本代表の1試合最多得点である。

ミュンヘンオリンピック、アメリカ戦。

 東京大会前に死去：谷口は、日本代表が2020年の東京オリンピックに出場するのをよろこんでおり、病床で画面越しに応援するのを楽しみにしていた。しかし、コロナ禍で開催が1年延期。谷口は大会前の2021年5月に亡くなり、テレビ観戦がかなわなかった。

小さな選手が世界選手権で得点王とMVPに！
生井けい子

女子バスケットボール日本代表が2021年の東京オリンピックで銀メダルという快挙をなしとげたのは記憶に新しい。しかし、女子バスケが初めて正式種目になった1976年モントリオール大会から2024年のパリ大会まで、日本女子のメダルはその1個だけ。出場したのは6回のみ。4年に1度の世界選手権でメダルを獲得したのは1975年のコロンビア大会での銀メダルだけだった。そのとき活躍したのが、日本チームでもっとも小柄な生井けい子だった。

バスケットボール

伝説のブザービーター

　日本体育大学でインカレ3連覇を達成し、在学中に日本代表に選出された。その後、コーチとして大学に残りプレーを続けた。高さとパワーの欧米に対して、日本はスピードと運動量で対抗し、絶対と思われていた身長差を跳ねかえしていった。その中心にいたのが、身長162cmの生井だった。

　生井には、伝説として語りつがれたシュートがある。1974年にイランのテヘランで開催されたアジア競技大会で、女子バスケットボールは初めて採用された。決勝ラウンド第2戦、韓国戦の終了間際、69-70の1点ビハインドでむかえた後半残り数秒、生井は起死回生の約10mのロングシュートを放つ。（当時のルールは前後半20分ずつの規定。3Pシュートは導入されていなかった）。試合終了を告げるブザーが鳴るなかボールはネットに吸いこまれた。この「ブザービーター」で日本代表は宿敵韓国に71-70で勝利。波に乗った日本代表は、イラン、韓国、北朝鮮、中国との5チームでおこなわれた決勝ラウンドを全勝し、優勝をはたした。

生井けい子

1951	栃木県に生まれる
1971	日本体育大学で全日本大学選手権（インカレ）優勝（1973年まで3連覇）
1974	アジア競技大会 優勝
1975	世界選手権（現在のワールドカップ）2位。MVP、得点王（5試合で127得点）に輝く
1976	モントリオールオリンピック 5位。得点王（5試合で102得点）に輝く
1992	慶應義塾大学バスケットボール部顧問に就任
2022	日本バスケットボール殿堂に表彰される

劇的な逆転劇が評価されてワールドカップ出場

　FIBA事務総長だったウィリアム・ジョーンズは、生井の劇的な逆転弾による韓国代表戦勝利と金メダル獲得を高く評価し、翌1975年コロンビアで開催される第7回FIBA女子世界選手権（現在の女子ワールドカップ）への日本代表の出場をみとめた。

　上位3チームに1976年モントリオールオリンピックの出場権があたえられることになっていたこの大会で、日本代表は銀メダルを獲得。モントリオールへのチケットを勝ちとった。このとき127得点をあげ、生井は得点王。銀メダル獲得の立役者となった。その小柄でシャープな身のこなしと豊富な運動量は注目を集め、大会MVPも獲得。得点王とのダブル受賞となった。

1974年アジア競技大会の表彰式（右から3番目が生井）。

1976年オリンピックで得点王

　1976年モントリオールオリンピックでも、生井は102得点をあげ得点王となり、チーム5位入賞に貢献した。もっとも身長の低い選手が、オリンピックでもっとも多くの得点をあげるという偉業を成しとげたのだ。生井は「相手が大きければ抜きやすい。ゴール下はともかく、外でなら身長差は関係ない」という。そしてゴール下へカットインしては相手のファウルをさそった。ファウルでなければ止められないほどするどい切れのある動きだったのだ。

1976年モントリオールオリンピックの生井（12番の選手）。

 アメリカに勝利：1976年モントリオールオリンピックで、日本女子はアメリカに勝利した。その前の世界選手権でも勝っている。しかし、以降50年近く、日本女子はアメリカに勝てていない。ちなみにアメリカは1976年以来、オリンピック13大会中10大会で金メダルに輝いている。

3Pシュートが得意な、日本人初のWNBAプレーヤー

萩原美樹子

アトランタオリンピックで1試合平均17.8得点、3P成功率44.2％を記録。本場アメリカの新設女子プロバスケットボールリーグWNBAに日本人で初めてドラフト指名を受け、1997年にサクラメント・モナークスに加入した。シーズン途中からフェニックス・マーキュリーにトレードされ、本場アメリカで2シーズン活躍した。

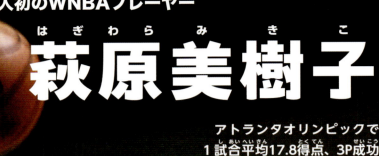

アトランタオリンピックで、3P成功率44.2%

高校卒業後の1989年に共同石油（現在のENEOS）のバスケットボール部に入部。1993年から4年連続で得点王に輝く。入部と同時に日本代表にも選出され、1994年の広島アジア競技大会では決勝で韓国と対戦し、おしくも1点差で2位。1996年のアトランタオリンピックは7位入賞。日本代表の得点源として1試合平均17.8得点、3P成功率44.2%（ともに大会全体の5位）を記録した。

1997年、WNBA初のドラフトでサクラメント・モナークスから全体の2巡目14位指名を受け、海をわたった。世界一レベルの高いアメリカで創設されたプロリーグのチームへの移籍は、男子も含めて日本人初。言葉と文化のちがいという高い壁があったが、萩原はものおじすることなく、体あたりで挑戦したのだ。

1994年広島アジア競技大会。

アメリカプロリーグWNBA

WNBAは「Women's National Basketball Association」の略称。NBAの女子版として1997年6月、8チームでスタートした女子プロバスケットボールリーグ。2024年現在12チームで構成されている。日本語では「全米女子バスケットボール協会」とよばれている。アメリカ以外の女子リーグがオフシーズンの時期にWNBAのシーズンがあるため、アメリカ以外の選手がプレーすることも多い。

バスケットボール

萩原美樹子

1970	福島県に生まれる
1989	共同石油（現在のENEOS）入社
1993	日本リーグ得点王（1996年まで4年連続）
1994	アジア競技大会 2位
1995	全日本総合選手権（現在の皇后杯全日本選手権） 優勝（1997〜1999年も）
1996	アトランタオリンピック 7位、得点ランキング5位
1997	WNBAのサクラメント・モナークスに入団
	フェニックス・マーキュリーに移籍
1998	ジャパンエナジー（旧共同石油）に復帰
1999	日本リーグ 準優勝
2001	早稲田大学女子ヘッドコーチに就任
2003	女子日本代表アシスタントコーチ
2013	ユニバーシアード女子日本代表ヘッドコーチに就任
2016	U-16〜19女子日本代表ヘッドコーチに就任

指導者として女子バスケットボールの発展強化に寄与

WNBAに在籍したのは1997年と1998年の2シーズン。1998年7月7日にデルタ・センターでおこなわれたユタ・スターズとの試合では、フィールドゴール5本中4本、うち3Pシュート1本をきめて萩原にとってWNBAでの最高となる9得点をマーク。ただ、2年目のシーズン途中に故障者リストに入り退団を決意した。

帰国後は、1998-1999年シーズンをジャパンエナジー（旧共同石油）の選手として過ごし、皇后杯優勝と日本リーグ準優勝で現役生活を終えた。

その後、早稲田大学に入学。卒業後はジャパンエナジーに所属しながら、早稲田大学大学院前期課程を修了。現在は指導者として日本の女子バスケットボール界の発展と強化に貢献している。

2009年、第1回FIBAアジアU-16女子選手権日本代表の強化合宿で。

3Pシュート成功率：NBAの3Pシュート成功率は、2023-2024年シーズン全体の平均で36.7%。1大会の数字とはいえ、アトランタオリンピックの萩原の44.2%が驚異的であることがわかる。

日本人初のNBAプレーヤー。「ノールックパス」が代名詞

田臥勇太

マジック・ジョンソンが大好きではじめたバスケットボール。小学6年生のとき、アメリカのドリームチームが出場した1992年バルセロナオリンピックに夢中になった。確率の高いシュート、ひろい視野による華麗なノールックパス、安定したゲームメイクで高校時代からスタープレーヤーとなり、前人未到の高校3大タイトル3年連続制覇（九冠）を達成。24歳で、日本人初のNBAプレーヤーになった。

バスケットボール

アーセナル時代の田臥。

田臥勇太

1980	神奈川県に生まれる
1998	能代工業高校で高校3大大会九冠を達成
1999	アジアバスケットボールスーパーリーグ日本代表
	男子ジュニア世界選手権 14位
2001	U-22日本代表、ヤングメン世界選手権 11位
2002	トヨタ自動車アルバルク（現在のアルバルク東京）に入団
2003	ロングビーチ・ジャムと契約
2004	フェニックス・サンズ（NBA）と契約、その後
	ロングビーチ・ジャムと契約
2005	ロサンゼルス・クリッパーズ（NBA）と契約、その後
	アルバカーキ・サンダーバーズと契約
2006	ベーカーズフィールド・ジャムと契約
2007	アナハイム・アーセナルへ移籍
2008	栃木ブレックス（現在の宇都宮ブレックス）に入団
2010	アジア競技大会 4位
2015	アジア選手権（現在のアジアカップ） 4位

高校時代は史上初の九冠を達成

　秋田県立能代工業高校（現在の秋田県立能代科学技術高校）の田臥は、1年生でスタメンとなり3年連続でインターハイ、国体、ウインターカップの3大タイトルを制し、圧倒的な強さで史上初の「九冠」を達成した。

　高校卒業後、アメリカ・ハワイの大学へ入学。けがや単位取得で2年間コートに立てなかったが、自立心をやしなう機会となった。残り半年を残して大学を中退して帰国し、2002年5月スーパーリーグのトヨタ自動車アルバルク（現在のアルバルク東京）に入団。新人王を受賞し、オールスターのファン投票で1位に輝いた。

あこがれていたNBAプレーヤーに

　2003年11月からABA（アメリカ独立プロリーグ）に挑戦。そしてついに2004年9月、NBAフェニックス・サンズと契約し、日本人として初めて、小さいころからあこがれていたNBAプレーヤーになった。

　田臥の得意プレーは、代名詞にもなっている「ノールックパス」だ。ゴール下でのブロックをかわしてシュートモーションに入ると見せかけて、パスを受ける味方を見ずにあざやかなアシストパスを出す。相手のボールをうばうスティールからの速攻も得意。帰国後に所属する宇都宮（栃木）ブレックスでは、アシスト王を3回、スティール王を2回受賞している。そして「レジェンド」といわれるようになった現在も、キャプテンとしてチームを鼓舞している。

2つのリーグが1つにまとまった

　2014年、日本バスケットボール協会はFIBA（国際バスケットボール連盟）から、すべての日本代表チームの国際試合の出場資格の停止処分を受けた。2つある国内リーグの統一がおこなわれなかったためだ。この処分を受けて、「bjリーグ」と「NBL」の2リーグの統一に向けて動きだした。サッカーJリーグ初代チェアマンの川淵三郎を新会長とした新しい協会のもとで、現在のジャパン・プロフェッショナル・バスケットボールリーグ、通称「Bリーグ」が2016年に開幕した。

　田臥がキャプテンをつとめる宇都宮ブレックスは、かつては栃木ブレックスといい、NBLに参加していた。Bリーグにも初年度から参加。2021-2022年シーズンにBリーグ創設以来2度目の日本一になり、2023-2024年には東地区で3年ぶり3度目の優勝をはたした。

栃木ブレックス時代の田臥のレイアップシュート。

 田臥フィーバー：田臥が在籍していたときの能代工業高校のバスケットボールの試合は人気を博し、約1万人収容の東京体育館でおこなわれたウインターカップは立ち見客がフロアにあふれるほどだった。「田臥フィーバー」「能代工フィーバー」とよばれた。

3Pもワンハンドできめる！　日本人２人目のWNBAプレーヤー

大神雄子
（おおがみゆうこ）

日本屈指の攻撃力をもつ凄腕ポイントガード。ディフェンスを抜いてシュートにもちこんだり、的確な指示を出したり、たくみなパスで得点シーンをつくったりするチームの司令塔だ。ワンハンドシュートが得意で、3Pもワンハンド。日本人としては２人目のWNBAプレーヤーとなる。チーム最年少の21歳でアテネオリンピックに出場。2023年、日本人女子として初のFIBA殿堂入りをはたした。

バスケットボール

2011年日本代表壮行試合の渡嘉敷来夢と大神（右）。

切れ味のあるパス、ダブルクラッチが得意

　萩原美樹子に次ぎ、日本人2人目のWNBAプレーヤーとなりアメリカデビューをはたした（23試合出場）。ポジションはチームの司令塔、ポイントガード。おもにバックコートからドリブルでボールを運び、コートの状況を把握しながら味方に指示を出し、得点シーンをつくる重要な役目だ。冷静な状況把握能力、判断力、コミュニケーション力が求められる。大神は、緩急自在のゲームコントロールと、切れ味のあるパスでチームをけん引した。小柄ながらゴールに向かうするどいドライブからのダブルクラッチ（一度もちあげたボールを下げてシュートを打つ）が得意だ。また、当時の女子にはめずらしいワンハンドシュートが得意で、3Pもワンハンドで打った。

オリンピックと日本の女子バスケットボール

　1976年モントリオール大会で新種目に採用された女子バスケットボール。日本はこの大会に出場して6チーム中5位。その後しばらく出場できなかったが、1996年アトランタ大会に20年ぶりに出場し7位。2004年アテネ大会で10位。2016年リオデジャネイロ大会でベスト8。そして2021年の東京大会で銀メダルに輝いた。

大神雄子

1982	山形県に生まれる
1998	名古屋短期大学付属高校（現在の桜花学園高校／愛知県）に入学、2年時にインターハイ、国体、ウインターカップ三冠を達成
2001	WJBL、ジャパンエナジーJOMOサンフラワーズ（現在のENEOSサンフラワーズ）に入団
	日本代表に初選出
2004	アジア選手権（現在のアジアカップ）　2位。アテネオリンピック 10位
2007	アジア選手権 3位
2008	WNBA、フェニックス・マーキュリーと契約
2009	アジア選手権 3位
2010	世界選手権（現在のワールドカップ）に出場し、得点王に輝く
2011	アジア選手権 3位
2013	アジア選手権 優勝。WCBA（中国）の山西興瑞に入団
2014	世界選手権に出場
2015	日本のトヨタ自動車アンテロープスに移籍
2018	現役引退。トヨタ自動車アンテロープスディベロップメントコーチ就任
2023	FIBA殿堂入り

2007年アジア選手権マレーシア戦。

FIBA女子世界選手権で得点王

　高校3年間で7度の全国制覇。2001年、ジャパンエナジーJOMOサンフラワーズ（現在のENEOSサンフラワーズ）に入団する。2013年に退団するまで9度のWリーグ優勝、7度の皇后杯全日本選手権優勝に貢献した。2004年にはチーム最年少の21歳でアテネオリンピックに出場。2010年の世界選手権では、出場8試合で1試合平均19.1得点をあげ、大会得点王に輝く。

　2013年9月、WCBA（中国女子バスケットボールリーグ）の山西興瑞に翌年2月までの期限付きで移籍し、優勝に貢献した経験をもつ。2015年からはトヨタ自動車アンテロープスに入団。2017-2018年シーズンで引退した。

　2023年には、日本人女子選手として初めてFIBA殿堂入りをはたした。日本屈指の攻撃力をもつ凄腕ガードだった。

家族旅行は体育館：大神の父はバスケのコーチ、姉もバスケをやっていて、母はママさんバレー。何かあると出かける先は体育館。家族旅行も行き先はどこかの体育館だった。でも、温泉や遊園地に連れていってほしいと思ったことはなかったという。

シュート、リバウンドでたよりになる日本代表の大黒柱

髙田真希
（たかだまき）

ゴール下を中心にプレーするセンター。Wリーグでは得点王とともに、リバウンド王を何度もとっている。東京オリンピックでは、全6試合のうち5試合で2けたの得点をマーク。決勝ではチーム最高得点となる17得点をアメリカからうばうなど、大会を通して攻守に安定した活躍を見せ、チームの大黒柱として銀メダル獲得に大きく貢献した。

バスケットボール

得点とリバウンド、Wリーグ歴代1位

バスケ界の名門・愛知県の桜花学園高校時代、当初は練習についていくのがやっとだったが、人一倍練習し、高校3年時はエースとしてインターハイ、国体、ウインターカップの三冠を達成した。ポジションは高身長でフィジカルの強い選手がつとめることの多いセンター。ゴール下でシュートをきめるとともに、リバウンドをとることが大きな役目だ。まさにチームの中心が髙田なのだ。

デンソーアイリスでは、入団してすぐに主力として出場し、新人王に選出。ベスト5の常連になり、2013-2014年シーズンにはMVPも獲得した。個人の通算得点と通算リバウンド数では髙田がWリーグ歴代1位で、その記録を更新しつづけている。

髙田真希

1989	愛知県に生まれる
2012	全日本総合選手権（現在の皇后杯全日本選手権）ベスト5
2013	アジア選手権 優勝
2014	世界選手権予選リーグ3試合に出場 Wリーグレギュラーシーズン MVP
2015	アジア選手権 優勝
2016	リオデジャネイロオリンピック ベスト8
2017	アジアカップ（アジア選手権から名称変更） 優勝
2018	ワールドカップ（世界選手権から名称変更） 9位
2019	アジアカップ 優勝
2021	東京オリンピック 銀メダル
2022	Wリーグレギュラーシーズン MVP
2023	皇后杯優勝、MVP。Wリーグレギュラーシーズン MVP
2024	パリオリンピック 12位

世界がおどろいた東京大会

2009年から日本代表。世界選手権（2018年からはワールドカップ）には3大会連続で出場した。日本代表の大黒柱となり、2018年からはキャプテンをつとめる。

2021年の東京オリンピック前、日本の世界ランクは10位だったが1次リーグを2位通過し、決勝トーナメントでは準々決勝でベルギー（世界ランク6位）に86－85、準決勝でフランス（同5位）に87－71と格上を次つぎと撃破した。決勝では1次リーグでやぶれたアメリカ（同1位）と再戦。75－90でやぶれはしたが、3Pを数多くきめ、すばしっこく走りまわり、ねばり強いディフェンスをつらぬきとおした。世界は、身長の高低差を克服した日本の戦略とチームワークにおどろいた。

その後も髙田は精神的支柱としてチームを支え、3大会連続となる、2024年パリ大会出場に導いた。

東京オリンピック準々決勝ベルギー戦。

パリオリンピック1次リーグのアメリカ戦。

Wリーグ

Wリーグは、女子トップクラスの14チームが集まる国内最高峰のリーグで、「バスケットボール女子日本リーグ」の略称。ただし、企業チームとクラブチームが混合するリーグで、プロではない。2024-2025年シーズンから、上位8チームが集まる「プレミア」とそれ以外の6チームによる「フューチャー」の2ディビジョン制でおこなわれる。設立は1998年。

 空手：髙田は、小中学校時代、バスケットボールとともに空手もやっていた。流派の全国大会を小5から4連覇するほどの実力で、女子中学生では数少ない黒帯だった。空手できたえた強い心身がバスケットボールにいきているという。

193cmの長身と身体能力をもつセンターフォワード。WNBAに参戦！

渡嘉敷来夢

欧米の選手に負けない身長193cmの高さに加え、スピード、パワー、テクニックもそなえるセンターフォワード。まさにバスケのために生まれてきたような身体能力をもつ。Wリーグに入って1年目に新人王とMVPを獲得。アメリカ女子プロリーグWNBAのチームに移籍。2016年リオデジャネイロオリンピックでは、エースとして活躍した。

バスケットボール

2022年FIBA女子バスケットボールワールドカップのオーストラリア戦。

16歳、史上最年少で代表候補入り

　高校は愛知県の桜花学園高校に進み、1年生で主力として高校三冠(インターハイ、国体、ウインターカップ)に貢献。高校2年で身長は190cmを超え、スピードとパワーもあったことから、2008年、史上最年少の16歳で日本代表候補に選ばれた。同年U-18日本代表として、アジア選手権で初優勝。高身長の渡嘉敷は、スピードだのみだったこれまでの日本の女子バスケの戦術を大きく変えた。

　しかも、高身長ながら、コートの端から走って相手コートでシュートをきめるまでのタイムが平均5秒程度と足が速い。小学校6年時、走り高跳びで全国優勝した経歴をもち、脚力が並外れて強い。海外の選手に負けない高さとスピードをあわせもつ渡嘉敷は、まさにバスケのために生まれてきたような選手だ。

ダンクシュート

　渡嘉敷は日本の女子で初めてダンクシュートをした選手といわれている。ボールをバスケットリング(ゴール)の上からたたきこむようにシュートするのがダンク。片手でおこなうワンハンドダンク、両手でシュートするボースハンドダンクなど、いくつもの種類がある。なかでもマンガのタイトルでもある「スラムダンク」は、思いきり力強くボールをたたきこむシュートのこと。

渡嘉敷来夢

1991	東京都に生まれる
2008	U-18アジア選手権 優勝
2010	JX(現在のENEOS)サンフラワーズ入団
2011	アジア選手権 3位
2013	アジア選手権 優勝、MVPに輝く
2014	世界選手権 14位
2015	アジア選手権 優勝、ベスト5とMVPに輝く Wリーグのシーズンオフを利用してWNBAのシアトル・ストームへ
2016	リオデジャネイロオリンピック ベスト8
2019	アジアカップ(アジア選手権から名称変更) 優勝
2022	ワールドカップ(世界選手権から名称変更) 9位
2024	アイシンウィングスに移籍

2016年リオデジャネイロオリンピック準々決勝アメリカ戦。

Wリーグに入っていきなりMVP

　2010年、JX(現在のENEOS)サンフラワーズに加入し、新人王とともにMVPをいきなり獲得した(Wリーグ初)。ところが、渡嘉敷にとって世界へのデビュー戦となった2014年の世界選手権で、自分より背が高くしかも上手な選手がいることを知った。「見返してやりたい!」と、アメリカ女子プロリーグWNBAのシアトル・ストームと契約。日本人女子選手として3人目のアメリカ挑戦だった。ポジションは、センター以上に機敏な動きが求められるパワーフォワード。足が速くてもテクニックがないとボールを奪われたり、シュートを外したりする。ボールハンドリングやシュート、ディフェンスなど、あらゆるテクニックをみがき、3シーズン目には33試合に出場した。

　2016年、リオデジャネイロオリンピックで、日本代表は格上のチームをやぶって決勝トーナメントに進出。渡嘉敷はチームのエースとして得点、リバウンドで貢献した。

 バスケットボールを選んだ理由：小学生のころ、走り高跳びで全国優勝した渡嘉敷だが、本格的な背面跳びはこわくて中学の陸上部入部はやめた。背が高かったのでバレー部も候補だったが、ジャージの裾を短パンの中に入れるのが嫌でこれもなしに。仲のよい友だちも入るといったバスケ部になった。

45

日本をパリオリンピックに導いた、小柄でもたよれるキャプテン

富樫勇樹
（とがしゆうき）

高校から海をわたりアメリカで成長。帰国後はBリーグでMVPに輝くなど活躍する。抜群のスピードとドリブルスキルで相手を翻弄し、味方へのアシストだけでなく自らも得点をとるポイントガードだ。東京オリンピックでは日本代表のキャプテンをつとめた。チームの司令塔であり、日本バスケ界を引っぱるエースだ。

バスケットボール

小柄でシャイな少年は、アメリカの高校でたくましく成長

　身長167cmのポイントガード。15歳でアメリカの強豪校のモントロス・クリスチャン高校に入学した。シャイで英語も話せなかったが、自分から話しかけて自己主張をできるたくましい選手に成長。やがてスタメン入りしてチームの全米ランキング2位入りに貢献した。高校卒業後は、bjリーグの秋田ノーザンハピネッツに入団し、その年の新人賞を受賞。2014-2015年シーズンはNBAのDリーグ（選手育成目的のプロリーグ／NBADL）テキサス・レジェンズでプレーした。

　2015年からは千葉ジェッツでプレー。2016年に生まれたBリーグで、レギュラーシーズンベスト5を8年連続受賞。2018-2019年シーズンにはMVPに輝き、日本人初となる1億円プレーヤーとなった。

チームの司令塔で、日本代表のエース

　富樫は身長差をスピードと技術でおぎなっている。圧倒的な速さと卓越したドリブルスキルでディフェンスを抜きさり、一気にゴール下のエリアへ侵入。すばやく的確なパスでチャンスをつくり、みずからも速攻や3Pシュートで得点を量産する。全体の動きを冷静に見て瞬時に攻め方を考え、指示を出してリードするチームの司令塔だ。東京オリンピックからキャプテンをつとめ、チームメイトはもちろん、トム・ホーバスヘッドコーチからも絶大な信頼を寄せられていた。2023年FIBAワールドカップではキャプテンとして日本代表チームをアジア1位におしあげ、パリオリンピック出場へと導いた。

富樫勇樹

1993	新潟県に生まれる
2011	日本代表に初選出
	アメリカ、モントロス・クリスチャン高校を卒業
2012	bjリーグ秋田ノーザンハピネッツに入団
2014	アジア競技大会出場
	ダラス・マーベリックス（NBA）と契約後、傘下のテキサス・レジェンズ（NBADL）でプレー
2015	千葉ジェッツに入団
2019	BリーグレギュラーシーズンMVP獲得
	ワールドカップ予選に出場
2021	東京オリンピック11位
2023	ワールドカップでアジア1位になる
	天皇杯全日本選手権優勝、MVPに輝く（2024年も同様）
2024	パリオリンピック11位

2024年第99回天皇杯で千葉ジェッツふなばしが優勝。富樫はMVP。

2023年ワールドカップアジア地区予選でシュートを打つ富樫。

Bリーグ

　ジャパン・プロフェッショナル・バスケットボールリーグ（Bリーグ）は、2016年秋、野球、サッカーに次ぐ日本3番目のプロスポーツリーグとして誕生した。スピーディーな展開、躍動感あふれるプレーで多くの観客を引きつけている。クラブがBリーグに参加するためには、経営状態、ホームアリーナの設備や収容人数など、いくつもある基準を満たし、Bリーグクラブライセンスを交付されなければならない。

　なお2026-2027年シーズンから、Bリーグは再編成されることがきまっていて、トップカテゴリーのBプレミアには、審査をクリアした26チームが参加予定となっている。

 偏食：富樫は中学時代まで偏食だった。野菜はいっさいとらず、肉とポテトとアイスばかり食べていた。体重をふやして維持するために食生活を改善する必要を感じ、アメリカに留学していた高校時代、初めてレタスを口にしたという。

47

NBAで6シーズン活躍。多才な「オールラウンダー」
渡邊雄太(わたなべゆうた)

バスケットボール選手だった父母から遺伝子を受けつぎ、206cmという日本人離れした長身の体格をもつ。高校卒業後はバスケの本場アメリカの大学に進学。卒業後、史上2人目のNBAプレーヤーになり、日本人最長の6シーズンプレーした。おもに「3&D」プレーヤーとして活躍。2024年、通算11年間のアメリカ生活を終え、千葉ジェッツふなばしに移籍した。

バスケットボール

3Pシュートとディフェンスの「3&D」プレーヤーに

　乳児期から体育館に連れてこられ、ボールを転がして遊んでいたという。香川県の尽誠学園高校卒業後はアメリカのジョージ・ワシントン大学（NCAA1部）に入学し、主力選手として活躍した。

　卒業後の2018年、田臥勇太以来2人目のNBAプレーヤーとなった。ワールドクラスの体格とテクニックをいかし、スモールフォワードやパワーフォワードをつとめる。期待されたのが、3Pシュートを得意としながら、ディフェンスでもすぐれた「3&D」という役割だ。攻守で高いパフォーマンスを維持する体力と持久力が必要になる。2mを超える高さとスピードを武器に、強いディフェンスとアウトサイドからのシュートでチームに貢献した。

　アメリカの大学を経てNBAに入ったのは渡邊が初めて。のちに八村塁もこれに続いた。

渡邊雄太

1994	神奈川県に生まれる
2011	ウインターカップ 準優勝、ベスト5に選出
2012	ウインターカップ 準優勝、ベスト5に選出
2014	NCAA 1部のジョージ・ワシントン大学に入学
2018	メンフィス・グリズリーズに入団
2020	トロント・ラプターズに移籍
2021	東京オリンピック出場
2022	ブルックリン・ネッツに移籍
2023	フェニックス・サンズに移籍
	ワールドカップ出場、アジア1位に輝く
2024	メンフィス・グリズリーズに移籍
	パリオリンピック 11位
	Bリーグの千葉ジェッツふなばしに移籍

献身的にチームを支える オールラウンダー

　2021年の東京オリンピックでは、田中大貴とともに主将をつとめ11位。トム・ホーバス監督となってむかえた目標の2023年のワールドカップではアジア1位となり、パリオリンピックの出場権を獲得した。パリ大会1次リーグの初戦は2023年ワールドカップ王者のドイツ。前半を8点ビハインドで折りかえしたが、後半に点差をひろげられやぶれた。渡邊は八村に次ぐ16得点をあげた。続くフランス戦。渡邊はチーム最長の40分間出場し、攻守に活躍。一時は逆転したものの延長戦で力尽き、90－94でやぶれた。

　日本代表での渡邊は、スピードとスキルの必要なプレーで攻め、ときにはダンクシュートで観客を魅了する。どんなポジションでもこなせる多才な「オールラウンダー」として、チームの不足したところを柔軟におぎない、献身的にチームを支えた。

2021年の東京オリンピックのアルゼンチン戦。

トム・ホーバス監督

　1990年に日本リーグのトヨタ自動車ペイサーズ（現在のアルバルク東京）に入団。4年連続の日本リーグ得点王や、2年連続の3ポイント王を獲得。2017年、女子日本代表ヘッドコーチ（監督）に就任。初の外国人代表ヘッドコーチとして、東京オリンピックで銀メダル獲得。2021年9月から男子日本代表のヘッドコーチをつとめている。

きびしい戦いとなった2024年パリオリンピックのフランス戦。

父による特訓：渡邊が小2のころ「NBAの選手になる」とちかうと、父の特訓がはじまった。毎朝6時から小学校の校庭でランニングやドリブル。ゴールがなかったため電柱をリングに見立ててシュート練習。中学時代は近所に設置したリングで1000本のシュート成功が課せられた。

203cmの身長、強じんなフィジカルをもつNBAプレーヤー

八村 塁
（はちむら るい）

西アフリカのベナン共和国出身の父と、日本人の母の第一子として誕生。日本人離れした体格に加え、子どものころから運動能力でも秀でていた。高い身長やすぐれた身体能力を生かしたゴール下でのディフェンスやリバウンド、精度の高い遠目からのジャンプシュートやダンクシュートによる得点力がもち味だ。日本人としては初めて、NBAドラフト会議の1巡目で指名を受けた。

バスケットボール

八村のダンクシュート。

八村 塁

1998	富山県に生まれる
2013	仙台大学附属明成高校（宮城県）に入学
2016	アメリカのゴンザガ大学に入学
2019	全米から優秀な大学選手が選ばれるオールアメリカン・コンセンサスファーストチームに選出
	ウェストコースト・カンファレンスの最優秀選手賞を受賞
	全米の大学のポジション別の優秀選手におくられるジュリアス・アービング賞を受賞
	ワシントン・ウィザーズに入団
2020	NBAオールルーキーセカンドチームに選出
2021	東京オリンピック出場。日本選手団の旗手をつとめる
2023	ロサンゼルス・レイカーズに移籍
	NBAインシーズン・トーナメントで優勝
2024	パリオリンピック 11位

NBAドラフト1巡目で指名！

身長203cm、体重104kgという圧倒的な身長と体格をそなえるだけでなく、はげしい接触のあるゴール下で競りまけない強じんなフィジカルをもつ。ポジションは、ゴールに近いところでのシュートやリバウンドがおもな仕事となるパワーフォワードや、俊敏性が必要でアウトサイドからも得点するスモールフォワード。跳躍力もある八村は、豪快なダンクシュートも武器だ。ディフェンスでは相手にプレッシャーをかけることができ、逆に攻撃の際は、相手のディフェンスをはじきとばす体幹の強さがある。

2019年、日本人としては初めて、NBAドラフト会議の1巡目（全体9位）で指名を受け、ワシントン・ウィザーズに入団。1年目から主力として攻守両面でチームを支え、2年目の2021年は日本選手として初めてプレーオフ出場をはたした。

めぐまれた身体能力を努力で開花

小学生時代は野球に打ちこみ、捕手で4番。陸上の100mで富山県大会を制覇。スポーツ万能の少年だった。バスケットボールをはじめたのは中学1年から。部活がオフの日も、チームメイトをさそって地域の体育館でシュート練習をするなど努力を惜しまず、急速に力をのばした。中学、高校と活躍し、2014年、U-17世界選手権（現在のワールドカップ）では1試合平均得点22.6点、総得点158点をあげて得点王に輝く。実力が評価され、アメリカ屈指の強豪校ゴンザガ大学（ワシントン州）へ進学した。

2021年東京オリンピック日本代表となり、開会式では旗手をつとめる。2024年パリ大会では予選リーグのドイツ戦で20得点、10リバウンドなど活躍した。

NBAでの2024-2025年シーズンは、2023年に移籍したロサンゼルス・レイカーズで開幕からスタメン出場し、活躍を見せた。

強いフィジカルで相手のディフェンスを突破。

NBAプレーオフ

レギュラーシーズンが終了後、東西各8チーム、合計16チームから、その年のNBAチャンピオンを決定する（ポストシーズンシリーズ）。プレーオフは、レギュラーシーズンの試合形式とは異なるトーナメント形式でおこなわれる。東西リーグの王者が対戦する6月のNBAファイナルは、アメリカ全土に生中継される。

レイカーズ： 八村が所属するロサンゼルス・レイカーズは、アメリカ西海岸では大人気の名門チーム。マジック・ジョンソン、レブロン・ジェームズ、コービー・ブライアントなど多くのスター選手を輩出した。八村はレイカーズ初の日本人選手だ。

ゴール下で踏んばり、シュートとリバウンドで活躍するビッグマン

ジョシュ・ホーキンソン

イチローにあこがれて野球もする少年だった。学業も優秀な文武両道のアスリートとして大学を卒業後、日本のチームに入団。帰化した2023年に日本代表デビューした。その年の8〜9月のワールドカップでは高い得点力を発揮して、パリオリンピック出場権獲得に大きく貢献。リバウンド力がありながら3Pもねらえる、日本がほこるビッグマンだ。

バスケットボール

ダンクシュートをきめる。

	ジョシュ・ホーキンソン
1995	アメリカのワシントン州シアトルに生まれる
2013	ショアウッド高校卒業
2017	ワシントン州立大学卒業
	ファイティングイーグルス名古屋に入団
2020	信州ブレイブウォリアーズに移籍
2023	日本国籍取得、日本代表に選出
	サンロッカーズ渋谷に移籍
	ワールドカップ出場、パリオリンピック出場権獲得に貢献
2024	パリオリンピック 11 位

イチローにあこがれた野球少年時代

　父はノルウェー、母はデンマークでプロバスケットボール選手だったバスケ一家でそだつ。サッカーや野球もするスポーツ万能少年だったホーキンソンのあこがれは、地元大リーグ、シアトル・マリナーズのイチロー。高校時代は投手として150km近い速球を投げた。しかしけがで野球を断念し、バスケに集中する。進学したワシントン州立大学では3年間で学士を取得し、その後は大学院へ進みMBA（経営学修士）も取得した。成績も優秀で、パシフィック12カンファレンス（12大学のリーグ）のスカラー・アスリート・オブ・ザ・イヤー（文武両道の年間最優秀選手）にも選ばれている。

　めぐまれた身体能力と身長で、外から3Pシュートを打て、さらにディフェンスも得意なオールラウンダーに成長。大学では「通算1414得点、1015リバウンド」を達成した。

日本に帰化。
ワールドカップで大量得点！

　大学卒業時、NBAからのオファーはとどかず、日本のファイティングイーグルス名古屋に入団。最初は日本になじめずホームシックになったが、父親が来日してフォローした。日本の食事や文化を吸収して少しずつ自分をとりもどし、日本語で歌うカラオケが趣味になった。2023年2月に日本国籍を取得。今では日本語でダジャレを飛ばすほどだ。

　208cmの長身をいかしたゴール下でのプレーはパワフルだ。2Pの成功率は高く、3Pも40％以上の成功率をほこる。「ビッグマン」でありながら俊敏に動き、速攻についていく走力ももつ。2023年のワールドカップでは、2Pシュート成功率73.5％で全チームで1位、1試合平均リバウンド数10.8で2位、平均得点21.0で7位と健闘した。パリオリンピックでも、予選ラウンド終了時の平均リバウンド数9.7で全体の3位タイとなった。

外国籍選手と帰化選手

　Bリーグは、「外国籍選手」のベンチ入りは3人まで、コートに入れるのは各ピリオドで2人までとしている。「帰化選手」とは、日本国籍を取得した選手のこと。この「帰化選手」と中国、韓国などを対象とした「アジア特別枠選手」は、各ピリオドどちらか1名が外国籍選手とは別に試合に出ることができる。

2023年ワールドカップのカーボベルデ戦でシュートをブロック。

 ビッグマン：身長が高く強いフィジカルをもっていて、ゴール下を守る最後の砦となる選手を「ビッグマン」とよぶことが多い。リバウンド争いに勝つことも求められる。ホーキンソンのようにシュート力もあるビッグマンは貴重な存在だ。

超高速プレーと3Pシュートで魅了する若きポイントガード
河村勇輝

身長172cmの若きポイントガード。超高速で敵陣に切りこみ自らシュート、ひろい視野で相手の裏をかくパスでアシスト、あざやかに次つぎときめる3P。2023年ワールドカップでは、小柄な河村勇輝のプレーに観客は魅了された。バスケットにサイズは関係ないことを証明してみせた、日本バスケットボール界の未来をになうスターだ。

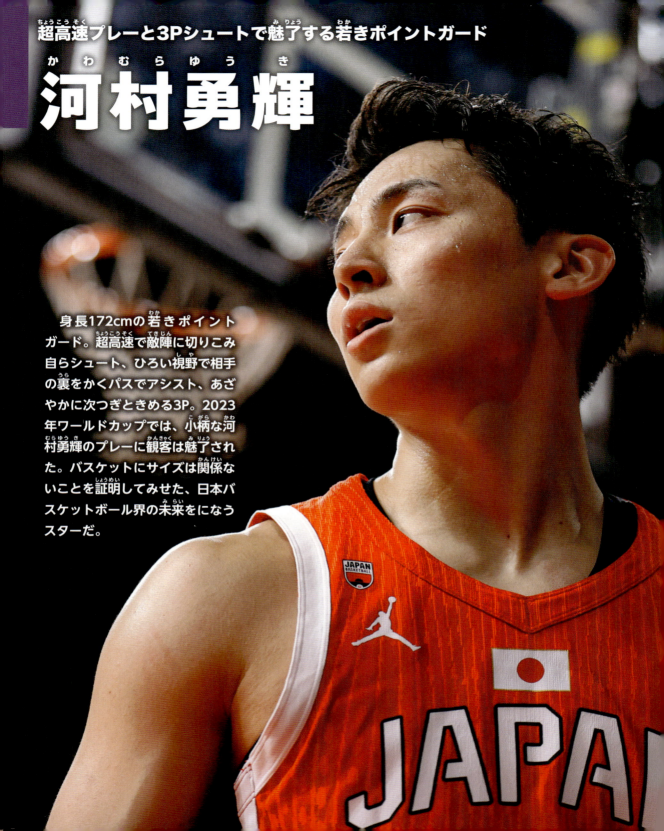

バスケットボール

ワールドカップのフィンランド戦、相手ゴール下にするどく切りこむ。

河村勇輝

2001	山口県に生まれる
2017	福岡第一高校に入学。ウインターカップ2連覇を含む全国大会のタイトルを4度獲得（2020年まで）
2018	U-16アジア選手権 6位
	U-18アジア選手権 5位
2019	U-20日本代表に選出
2021	U-22日本代表に選出
2022	ワールドカップアジア予選で日本代表デビュー
2023	Bリーグ新人賞や、シーズンMVPに輝く
2024	パリオリンピック 11位
	NBAのグリズリーズと2ウェイ契約を結ぶ

ジョーダンの背番号23にちなんだ練習

　自宅の庭にリングがあり、バスケットボールは小さいころから身近な遊びだった。ある試合で負けたことをきっかけにシュートの自主練習にとりくむ。1日300本きめるところからはじめ、小学6年の時には600本になった。さらに、試合のような緊張感ももたせるため工夫をする。名づけて「ジョーダン・シューティング」。フリースロー10本、ミドルシュート8本、3P5本の計23本のシュートを連続してきめる練習メニューだ。大好きだったNBAのスター選手マイケル・ジョーダンの背番号と同じ数である。

　あこがれの選手はマイケル・ジョーダンや田臥勇太。2人が得意とする、腕を背中側に回して出すビハインドパスをまねするようになる。それを試合で使えるようになったのは、小学6年のころだった。その後、ビハインドのノールックパスは河村の武器となる。

2023年FIBAワールドカップ

　パリオリンピックの予選を兼ねて、2023年にフィリピンをメインに、日本、インドネシアとの共同で開催された。日本代表は17-32位決定ラウンドの最終戦でカーボベルデを下して全体の19位。アジア最上位になり、48年ぶりに自力でオリンピック出場権を獲得した。

ワールドカップで爆発

　東海大学を2年で中退。早くプロとして結果を出し、日本代表入りしてワールドカップやパリオリンピックに出場するための選択だった。そして特別指定選手としてすでに入団していた横浜ビー・コルセアーズとプロ契約締結。1年目でBリーグ史上初となる新人賞とMVPのダブル受賞を含む個人六冠を達成した。

　2023年ワールドカップでは河村のスピードとスキルが爆発。強敵に追いつき、つきはなす原動力になった。活躍ぶりは国際バスケットボール連盟（FIBA）の目にもとまった。FIBAの記者は「今大会でブレークした13選手」に河村を選び、「7.6アシストの記録を残したが、40分あたりで計算すると12.8という驚異的な数字になる」「すばやい河村を止めるのは困難」と賞賛した。

　2024年秋、NBAのメンフィス・グリズリーズと、下部のGリーグの両方でプレーする2ウェイ契約を結び、NBAにも出場。日本人4人目、そしてBリーグからは初となるNBA選手誕生となった。

パリオリンピック、フランスとの死闘でゴールをねらう。

背番号7：河村は、日本の選手では名ポイントガードである田臥と富樫勇樹を目標にしてきた。マンガ「SLAM DUNK」では、やはり同じポイントガードの宮城リョータが好きだという。NBA下部Gリーグのチーム、メンフィス・ハッスルでは、河村は宮城と同じ背番号「7」番をつけた。

まだまだいる！歴史をつくった選手たち

折茂武彦　シューティングガード（SG）
トップリーグで27年間プレー、通算1万得点

1994年広島でおこなわれたアジア競技大会や1998年の世界選手権（現在のワールドカップ）に出場するなど、Bリーグが発足する以前の日本のバスケットボールを支えたレジェンド。1993年にトヨタ自動車アルバルクでデビューし、2020年にレバンガ北海道で引退するまでの27年間、日本のトップ選手として活躍。3Pシュートを得意とし、2019年には日本選手初の1万得点を達成した。

引退後はBリーグのレバンガ北海道の社長をつとめている。

● おもな実績
1994年 アジア競技大会　3位
2019年 通算1万得点達成

比江島 慎　シューティングガード（SG）
変幻自在のドライブ、「比江島ステップ」

独特の緩急を駆使した「比江島ステップ」で相手チームを翻弄する。過去のワールドカップやオリンピックでは、2012年から11年間も負けつづけてくやしい思いをしてきた。しかし、トム・ホーバスヘッドコーチ就任後に才能が開花。Bリーグ2023-2024年シーズンの3Pシュート成功率は日本人トップ。

パリオリンピックでは日本代表の最年長として戦った。

● おもな実績
2012年 日本代表に初選出
2021年 東京オリンピック 11位
2023年 ワールドカップ 19位

町田瑠唯　ポイントガード（PG）
東京オリンピックのアシスト王

札幌山の手高校（北海道）に入学したとき、身長は152cm（現在は162cm）だった。2010年、主将としてインターハイ、国体、ウインターカップの高校三冠を達成。2021年の東京オリンピックでは、流れをかえるキックアウトパスなどで、オフェンスのリズムをつくって動きまわり、注目を集めた。準決勝のフランス戦では約27分の出場で、1試合個人アシストのオリンピック新記録となる18アシストをマークした。

● おもな実績
2016年 リオデジャネイロオリンピック　8位
2021年 東京オリンピック 銀メダル
2022年 WNBAのワシントン・ミスティクスへ移籍

林 咲希　シューティングガード（SG）
走り勝つシューター軍団のキャプテン

日本代表初選出は大卒3年目の遅咲きだった。しかし、東京オリンピック準々決勝ベルギー戦、残り16秒で逆転の3Pシュートをきめ、銀メダル獲得につなげた。2022年ワールドカップでは、対戦相手に研究されてグループリーグ敗退。そして、パリオリンピックチームの新主将に抜てきされた。チームコンセプト「走り勝つシューター軍団」の中心にいたのが、3Pシューターの林だった。

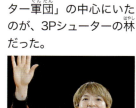

● おもな実績
2021年 東京オリンピック 銀メダル
2023年 アジアカップ 2位
2024年 パリオリンピック 12位

バスケットボール

馬瓜エブリン
センターフォワード（CF）

速くて強くて楽しい速攻型プレーヤー

両親はガーナ出身。エブリンは日本生まれ日本そだち。180cmの身長とスピードと強さを武器とする。日本には3Pシュートの得意な選手が多いなか、ドリブルですばやくゴールに切りこんでいく「ドライブ」で局面をかえる。声と笑顔でチームを盛りあげるムードメーカー。女子バスケットボールの価値をあげることを使命と考えている。妹のステファニーも女子バスケ日本代表選手だ。

●おもな実績
2021年 東京オリンピック 銀メダル
2024年 パリオリンピック 12位

馬場雄大
シューティングガード／スモールフォワード（SG/SF）

0勝8敗の屈辱を乗りこえてパリへ

2017年、筑波大学在学中にアルバルク東京に入団、新人王を獲得。翌年はリーグ2連覇に貢献しMVPに輝く。2019年、NBA下部リーグのテキサス・レジェンズ入団、2020年にオーストラリアのメルボルン・ユナイテッドに移籍、2025年現在は長崎ヴェルカで活躍中だ。2019年ワールドカップではアメリカ戦でチーム最多の18得点をあげたが、5戦全敗。2021年の東京オリンピックで3戦全敗と、計0勝8敗を経験。そのくやしさをかみしめてパリでは全力で戦った。

●おもな実績
2019年 ワールドカップ 31位
2021年 東京オリンピック 11位
2023年 ワールドカップ 19位

赤穂ひまわり
スモールフォワード／シューティングガード（SF/SG）

両親、4きょうだい、すべてバスケ選手一家

両親は、元バスケットボール選手。2つ上の姉、双子の兄、2つ下の妹と、家族全員がバスケットボール選手の一家である。身長184cmもありながら動きが速いことが強み。ディフェンスとリバウンドはトップクラス。シュートもきめるオールラウンダーだ。パリオリンピックでも果敢にシュートをねらったが、敗戦のくやしさに涙をながした。

●おもな実績
2021年 東京オリンピック 銀メダル
2023年 アジアカップ 2位
2024年 パリオリンピック 12位

富永啓生
シューティングガード（SG）

プレーを「楽しまないともったいない」

高校卒業後、アメリカの短大を経てネブラスカ大学に編入。得意の3Pシュートでエースとみとめられ、同大学を「マーチ・マッドネス」とよばれる全米大学選手権出場に導いた。3Pシュートラインよりはなれたところから放つ「ディープスリー」、相手と間合いをつくって放つ「ステップバックスリー」を使いわける。左利きで左手首がやわらかいため、ボールを遠くへ正確に飛ばすことができる。

●おもな実績
2022年 ワールドカップアジア予選出場
2023年 ワールドカップ 19位
2024年 パリオリンピック 11位

NBAと日本人選手

世界中のバスケットボール選手があこがれる世界最高のプロリーグ「NBA」。日本からは、これまでに4人の選手がデビューをはたしている。

NBAとは、全米バスケットボール協会（National Basketball Association）のこと。アメリカ29とカナダ1の合計30のチームからなるプロリーグで、人気、実力ともに世界一だ。女子のWNBAの母体にもなっている。

毎年10月から翌年4月にかけてレギュラーシーズンを戦い、4月中旬ころからポストシーズンがおこなわれ、NBAファイナルで優勝チームがきまる。

全米女子バスケットボール協会（WNBA）は、12チームがリーグ戦をくりひろげる。

NBAとWNBAでは、それぞれ4人ずつの日本人選手がデビューしている。

NBAの下部リーグに所属するベーカーズフィールド・ジャム時代（2006年）の田臥。

NBA

選手名	デビュー年	デビューチーム
田臥勇太	2004	フェニックス・サンズ
渡邊雄太	2018	メンフィス・グリズリーズ
八村 塁	2019	ワシントン・ウィザーズ ※現在はロサンゼルス・レイカーズで活躍中
河村勇輝	2024	メンフィス・グリズリーズ ※現在も活躍中

WNBA

選手名	デビュー年	デビューチーム
萩原美樹子	1997	サクラメント・モナークス
大神雄子	2008	フェニックス・マーキュリー
渡嘉敷来夢	2015	シアトル・ストーム
町田瑠唯	2022	ワシントン・ミスティクス

バスケの歴史をつくった海外の選手たち

ビル・ラッセル
■1934年生まれ〜2022年没　■センター（C）

ディフェンスに革新的な影響をもたらす

　人種差別のはげしい時代に生まれ、1956年メルボルンオリンピックにアメリカ代表の主将として出場し、金メダルを獲得。ボストン・セルティックスに所属し、リバウンドやブロックショットで才能を発揮、歴代最高のディフェンダーともよばれる。黒人初のNBAスター選手であり、北米四大プロスポーツ初の黒人ヘッドコーチ。2009年、NBAはラッセルの11回の優勝などの功績をたたえて、NBAのチャンピオンをきめるファイナルのMVPを、「ビル・ラッセル・NBAファイナルMVP賞」に改称した。

おもな実績
NBA優勝：11回（1957、1959〜1966、1968、1969年）
ファイナルMVP：0回（引退した年に創設されたため）
シーズンMVP：5回（1958、1961〜1963、1965年）

ウィルト・チェンバレン
■1936年生まれ〜1999年没　■センター（C）

歴代最強のスコアラー、1試合100得点！

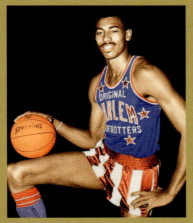

　デビュー当時身長216cm、体重125kgという破格のフィジカルをもち、新人の1959-1960年シーズンに得点王、リバウンド王、新人王、オールスターMVP、シーズンMVPの五冠を獲得した。1試合100得点以外にも不滅の記録をもっている。たとえば、1シーズンで4029得点、2052リバウンドである。これを平均すると、1試合50.4得点、25.7リバウンドという、現代ではありえない数字を残したのだ。

おもな実績
NBA優勝：2回（1967、1972年）
ファイナルMVP：1回（1972年）
シーズンMVP：4回（1960、1966〜1968年）

カリーム・アブドゥル＝ジャバー
■1947年生まれ〜　■センター（C）

背番号33をエースナンバーに定着させる

　1969年にミルウォーキー・バックスに入団、1975年にはロサンゼルス・レイカーズに移籍、1989年まで20シーズンにわたり活躍した。身長218cmというサイズを生かして、スカイフックとよばれるリングより高い位置から放つシュートでゴールを量産した。この必殺技を武器に、レイカーズの中心選手として1980年代の黄金期をもたらした。2016年には当時のオバマ大統領から大統領自由勲章を授与された。

おもな実績
NBA優勝：6回（1971、1980、1982、1985、1987、1988年）
ファイナルMVP：2回（1971、1985年）
シーズンMVP：6回（1971、1972、1974、1976、1977、1980年）

ラリー・バード

■1956年生まれ〜　■スモールフォワード／パワーフォワード（SF/PF）

熱い情熱と闘争心、半端ない懸命な努力

大学時代にマジック・ジョンソンとNCAA（全米大学体育協会）決勝を争って以来、2人のライバル関係は注目を集めつづけた。ボストン・セルティックスに入団。1980年代のNBAでは2人がリーグを象徴する看板選手になる。NBA選手のなかでは身体能力・運動能力にめぐまれていなかったが、正確な技術とゲームの流れを読む能力にたけていた。ルーズボールにけがをおそれずに飛びこむなど、熱い情熱を感じさせるハードなプレーに、観客は熱狂した。

おもな実績
NBA優勝：3回（1981、1984、1986年）
ファイナルMVP：2回（1984、1986年）
シーズンMVP：3回（1984〜1986年）

マジック・ジョンソン

■1959年生まれ〜　■ポイントガード（PG）

ノールックパスを世にひろめた革命的な存在

1970年代のアメリカは、ベトナム戦争敗北や薬物のまん延などの暗いムードで、NBAの人気もガタ落ちし、リーグのプレーの質もどん底だった。そのNBAを活性化させたひとりがマジック・ジョンソンだ。ノールックパスやレッグスルーパスなど、相手の意表をつくパスで、ロサンゼルス・レイカーズの攻撃を組みたてた。彼のパスからはじまる速攻は「ショータイム」とよばれ、レイカーズに優勝5回をもたらした。

おもな実績
NBA優勝：5回（1980、1982、1985、1987、1988年）
ファイナルMVP：3回（1980、1982、1987年）
シーズンMVP：3回（1987、1989、1990年）

デニス・ロッドマン

■1961年生まれ〜
■パワーフォワード／スモールフォワード（PF/SF）

ワイルドな最強ディフェンダー

© Tuomas Venhola

リバウンドにすべてをささげた屈指のリバウンダー。身長201cmとパワーフォワードとしては小柄だったが、驚異的な身体能力とポジショニングをいかし、1991-1992から1997-1998年の7シーズン連続でリーグのリバウンド王に輝くという前代未聞の快挙をなしとげた。1991-1992年シーズンには、1試合平均で18.7リバウンドを記録。1992年3月4日のインディアナ・ペイサーズ戦では、自己最多の34リバウンドをマークした。奇抜なヘアースタイルでも注目を集めた。

おもな実績
NBA優勝：5回（1989、1990、1996〜1998年）
ファイナルMVP：0回
シーズンMVP：0回

マイケル・ジョーダン

■1963年生まれ〜　■シューティングガード（SG）

史上最高のバスケットボール選手

プロ入り前の1984年ロサンゼルスオリンピックで金メダル獲得後、シカゴ・ブルズに入団。1991年から1993年にNBA3連覇をはたしたのち、一度は引退して野球選手へ転向。1995年にブルズに復帰し、1996年から1998年にふたたびNBA3連覇を達成した。1999年に2度目の引退をし、2001年にオーナーだったワシントン・ウィザーズで現役に復帰。2003年に3度目の引退となった。「バスケの神様」「エア・ジョーダン」ともよばれたレジェンド。

おもな実績
NBA優勝：6回（1991〜1993、1996〜1998年）
ファイナルMVP：6回（1991〜1993、1996〜1998年）
シーズンMVP：5回（1988、1991、1992、1996、1998年）

シャキール・オニール

■1972年生まれ〜　■センター（C）

人気と実力の両面で愛された巨漢

　216cm、体重153kgの巨大な体を俊敏に動かす、最強のエンターテイナー。反則級のパワープレーで相手選手を弾きとばしながらきめるダンクシュートは「シャック・アタック」とよばれた。キャリアの後半には、トリッキーなプレーにもみがきがかかった。そして、オールスターで見せたダンスパフォーマンスなど、コート外の言動も楽しく、多くのファンから愛される性格のもち主だった。

おもな実績
NBA優勝：4回（2000〜2002、2006年）
ファイナルMVP：3回（2000〜2002年）
シーズンMVP：1回（2000年）

ティム・ダンカン

■1976年生まれ〜　■パワーフォワード／センター（PF／C）

史上最高の献身的なパワーフォワード

　19年間の現役生活をサンアントニオ・スパーズひとすじで過ごした。プレーは正確で、つねにチームを第一に考えてプレーした。レギュラーシーズンの記録は通算1072勝438敗（勝率71％）で、19年間で残した数字としてはNBA史上最高。1つのチームで1000勝以上を記録した選手はダンカンしかいない。1試合で、得点、リバウンド、アシスト、スティール、ブロックの5つのなかの2つで2けたを記録する「ダブル・ダブル」の通算達成回数は歴代1位だ。

おもな実績
NBA優勝：5回（1999、2003、2005、2007、2014年）
ファイナルMVP：3回（1999、2003、2005年）
シーズンMVP：2回（2002、2003年）

コービー・ブライアント

■1978年生まれ〜2020年没　■シューティングガード（SG）

絶対的エースとして勝負強さをもつ

　コービーは神戸（KOBE）の英語読みで、両親が地名を気に入ってつけたもの。ねらった獲物は絶対に逃がさない猛毒の蛇「ブラックマンバ」のニックネームでよばれるほど、闘争心が強いプレーヤーだった。バスケに対してとりくむ姿勢は「マンバ・メンタリティ」とよばれ、多くのNBAプレーヤーからリスペクトされた。ロサンゼルス・レイカーズひとすじで自分が満足できるまでとことん努力を続けた選手。

おもな実績
NBA優勝：5回（2000〜2002、2009、2010年）
ファイナルMVP：2回（2009、2010年）
シーズンMVP：1回（2008年）

レブロン・ジェームズ

■1984年生まれ〜　■スモールフォワード（SF）

すべてをかねそなえたスーパースター

　2011〜2018年（マイアミ・ヒートとクリーブランド・キャバリアーズ）に8年連続でファイナルに進出した。その2チームとロサンゼルス・レイカーズの3チームで、それぞれファイナルMVPを受賞した（NBA史上初）怪物選手。サイズ、パワー、スピード、テクニック、センスのすべてをかねそなえている。2024年3月には通算4万得点、1万リバウンド、1万アシストを達成した史上唯一の選手となった。

おもな実績
NBA優勝：4回（2012、2013、2016、2020年）
ファイナルMVP：4回（2012、2013、2016、2020年）
シーズンMVP：4回（2009、2010、2012、2013年）

1992年の ドリームチーム

オリンピックのバスケットボールでアメリカが本気になったことがある。それは1992年バルセロナ大会。圧倒的な強さをほこる夢のようなチームが結成された。

地元開催の1984年ロサンゼルスオリンピックで、アメリカはバスケットボールの金メダルに輝いた。そして、4年後のソウル大会。当時のオリンピックのバスケットボールは、プロ選手が出場できないアマチュアの競技だった。アメリカは将来NBAをめざす学生のチームでこの大会にのぞんだ。ところが、国家ぐるみで選手の強化をはかったソ連（現在のロシア）に76-82で負けてしまったのだ。3位決定戦には勝ったが銅メダル。バスケットボール発祥国で、世界最高のプロリーグNBAがあるアメリカ。国民は負けることなどあってはならないと考えた。

国際オリンピック委員会（IOC）は、1992年バルセロナ大会から、オリンピックを世界最高のスポーツの大会とさだめ、プロ選手を積極的に参加させる方針に。国際バスケットボール連盟（FIBA）もオリンピックへのプロ選手の出場をみとめた。NBAも、世界での知名度をあげるため参加をきめた。そして本気で世界一のチーム「ドリームチーム」をつくりあげたのだ。

選ばれたメンバーは12人。最大のポイントは**ラリー・バード**、**マイケル・ジョーダン**、**マジック・ジョンソン**（→60ページ）という3人のスター選手が入ったことだった。

マジック・ジョンソンは現役を引退していたが、「アメリカのために」と参加。**マイケル・ジョーダン**は1984年ロサンゼルス大会で金メダルを獲得していたため、「もうオリンピックには出なくていい」といっていたのをマジック・ジョンソンが説得して参加をきめる。**ラリー・バード**は腰をけがしていたが、大会前にみごと回復して参加。

バルセロナ大会でアメリカは、8試合すべてで100点以上をたたきだし、圧倒的な強さで金メダルを獲得した。学生で参加したクリスチャン・レイトナー以外の11人は、のちにバスケットボール殿堂入りをはたしている。

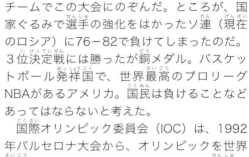

プロ引退後に参加したマジック・ジョンソン。

「バスケットボールの神様」とよばれたマイケル・ジョーダン。

さくいん

バレーボール

人名さくいん

あ

荒木絵里香 ……………………18、19
石川真佑 ………………………5、28
石川祐希 …………………5、22、23
大林素子 …………………………26
大山加奈 …………………………27

か

加藤陽一 ……………………5、14、15
川合俊一 …………………………26
木村沙織 ……………………20、21
栗原恵 ……………………………27
古賀紗理那 …………………24、25

さ・た

清水邦広 …………………………28
白井貴子 …………………………5、11
大松博文 …………………………7、29
髙橋藍 ……………………………5、28
竹下佳江 ……………………16、17

な・ま・や

中垣内祐一 ………………………27
中田久美 ……………………12、13
中村祐造 ……………………5、26
西田有志 …………………………28
松平康隆 ……………………9、29
眞鍋政義 …………………………29
南将之 ……………………………26
モーガン，ウィリアム・G ……4
山田重雄 ……………………11、29
吉原知子 …………………………27

用語さくいん

あ・か

アウトサイドヒッター（OH）
　…………………2、26、27、28
アタッカー ……………26、27、28
SVリーグ ………………………2、25
オポジット（OP）………2、28
回転レシーブ ………………2、7
クイック ………………2、9、19
クロススパイク ……………2、23
コイントス ……………………23
コンビネーション攻撃
　…………………………2、9、11

さ・た・な

セッター（S）
　…………………2、12、13、16、17
セリエA（イタリア）
　……………………14、15、22、23
東洋の魔女 …………………6、7
ドライブサーブ ……………2、26
トルコリーグ ………………21
日紡貝塚 ………………………7

は

ひかり攻撃 ……………………11
一人時間差攻撃 ……………2、9
Vリーグ ……………2、15、25、28
フェイクプレー ………………19
フライングレシーブ ……………9
ブロック ……………2、9、19、23
ブロックアウト ……………2、21

ま・ら・わ

ミドルブロッカー（MB）
　…………………………2、26、27
リベロ（L）………………2、15
ワールドカップ ………………25

バスケットボール

人名さくいん

あ

赤穂ひまわり …………………57
アブドゥル＝ジャバー，カリーム
　…………………………………59
阿部成章 …………………………33
大神雄子 ……………31、40、41、58
オニール，シャキール …………61
折茂武彦 …………………………56

か・さ

河村勇輝 ……………31、54、55、58
ジェームズ，レブロン …………61
ジョーダン，マイケル …………60
ジョシュ・ホーキンソン
　……………………………52、53
ジョンソン，マジック …………60

た

髙田真希 ……………………42、43
谷口正朋 ……………………32、33
田臥勇太 ……………31、38、39、58
ダンカン，ティム ………………61
チェンバレン，ウィルト ………59
渡嘉敷来夢 …………31、44、45、58
富樫勇樹 ……………………46、47
富永啓生 …………………………57

な・は

生井けい子 …………………34、35
ネイスミス，ジェームズ ………30
バード，ラリー …………………60
萩原美樹子 …………31、36、37、58
八村塁 ………………31、50、51、58
馬場雄大 …………………………57
林咲希 ……………………………56
比江島慎 …………………………56
ブライアント，コービー ………61

ま・ら・わ

馬瓜エブリン …………………57
町田瑠唯 ……………31、56、58
ラッセル，ビル …………………59
ロッドマン，デニス ……………60
渡邊雄太 ……………31、48、49、58

用語さくいん

あ・か

アシスト ……………3、39、56、61
ウインターカップ
　…3、39、41、43、45、49、55
NBA …39、49、50、51、55、58
オールラウンダー… 49、53、57
外国籍選手 ………………………53
帰化選手 …………………………53
キックアウト ………………3、56

さ

Gリーグ（Dリーグ）…3、47、55
シューティングガード（SG）
　…………………3、56、57、60、61
スモールフォワード（SF）
　…………………3、49、51、57、60、61
3＆D …………………………49
3P（ポイント）シュート
　…………………3、30、36、37、47、49、
　　　　　　　　　　53、56、57
センター（C）
　…………………3、42、43、59、61

た

WNBA
　………………37、40、41、44、45、58
Wリーグ ………………3、43、45
ダブルクラッチ ……………3、41
ダンクシュート
　…………………45、49、50、51、61
ドライブ ………………3、41、57
ドリームチーム ……………38、62

な・は

ノールックパス…3、39、55、60
パワーフォワード（PF）
　…………………3、45、49、51、60、61
Bリーグ ……………31、39、47、53
ブザービーター ……………3、35
ポイントガード（PG）…3、40、
　　　　　41、47、54、55、56、60

わ

ワールドカップ ……35、53、55

監修
佐野 慎輔（さの しんすけ）
1954年、富山県生まれ。産経新聞社スポーツ記者として野球15年、オリンピック15年担当。編集局次長兼運動部長、取締役サンケイスポーツ代表、特別記者兼論説委員などを歴任し、2019年退社。2020年から尚美学園大学教授として教壇に立ち、産経新聞客員論説委員、笹川スポーツ財団理事、日本スポーツフェアネス推進機構体制審議委員などを務める。近著に『西武ライオンズ創世記』（ベースボール・マガジン社）、『嘉納治五郎』『中村裕』（小峰書店）など。近共著に『スポーツの現在地を考える』『地域スポーツ政策を問う』（ベースボール・マガジン社）、『スポーツとスポーツ政策』『オールアバウト・ベースボール』（創文企画）、『2020＋1東京大会を考える』（メディアパル）など。

アスリートでたどる ジャパンスポーツ❸ バレーボール・バスケットボール

発　　行	2025年4月 第1刷	
監　　修	佐野慎輔	

発行者／加藤裕樹
編　集／堀 創志郎　岩根佑吾
発行所／株式会社ポプラ社
　　　　〒141-8210　東京都品川区西五反田3-5-8
　　　　JR目黒MARCビル12階
　　ホームページ　www.poplar.co.jp
　　　　kodomottolab.poplar.co.jp
　　　　（こどもっとラボ）

印刷・製本／株式会社瞬報社

©POPLAR Publishing Co.,Ltd.2025
ISBN978-4-591-18489-9 ／ N.D.C.783 ／ 63P ／ 24cm
Printed in Japan

編集協力　株式会社ジャニス
文　　　　田尻 格　榎本康子　大野益弘
写　真　　フォート・キシモト
デザイン　門司美恵子（チャダル108）
Ｄ Ｔ Ｐ　関口栄子（Studio Porto）
画像調整　小山和彦
校　正　　あかえんぴつ

落丁・乱丁本はお取り替えいたします。
ホームページ（www.poplar.co.jp）のお問い合わせ一覧よりご連絡ください。

みなさんのおたよりをお待ちしております。おたよりは編集部から制作者へおわたしいたします。

本書のコピー、スキャン、デジタル化等の無断複製は著作権法上での例外を除き禁じられています。本書を代行業者等の第三者に依頼してスキャンやデジタル化することは、たとえ個人や家庭内での利用であっても著作権法上認められておりません。

P7256003

アスリートでたどる ジャパンスポーツ
JAPAN SPORTS

監修・佐野慎輔

全5巻

小学高学年〜中学生向け
図書館用特別堅牢製本
B5変型判 / 各63ページ / オールカラー

❶ **野球** N.D.C.783

❷ **サッカー** N.D.C.783

❸ **バレーボール・バスケットボール** N.D.C.783

❹ **陸上・競泳** N.D.C.780

❺ **スキー・スケート** N.D.C.784

★ポプラ社はチャイルドラインを応援しています★

こまったとき、なやんでいるとき、
18さいまでのこどもがかけるでんわ
チャイルドライン®
0120-99-7777
ごご4時〜ごご9時 ＊日曜日はお休みです　電話代はかかりません 携帯・PHS OK